企业网络协同创新要素及其作用机理研究

Research on the Collaborative Innovation Elements and Their Interaction Mechanism in Interfirm Network

王 莉 著

中国财经出版传媒集团

经济科学出版社
Economic Science Press

图书在版编目（CIP）数据

企业网络协同创新要素及其作用机理研究/王莉著
.--北京：经济科学出版社，2022.9
ISBN 978-7-5218-4066-7

Ⅰ.①企… Ⅱ.①王… Ⅲ.①互联网络-应用-企业管理-现代化管理-研究 Ⅳ.①F272.7

中国版本图书馆 CIP 数据核字（2022）第 182317 号

责任编辑：李一心
责任校对：易 超
责任印制：范 艳

企业网络协同创新要素及其作用机理研究
王 莉 著
经济科学出版社出版、发行 新华书店经销
社址：北京市海淀区阜成路甲 28 号 邮编：100142
总编部电话：010-88191217 发行部电话：010-88191522
网址：www.esp.com.cn
电子邮箱：esp@esp.com.cn
天猫网店：经济科学出版社旗舰店
网址：http://jjkxcbs.tmall.com
北京季蜂印刷有限公司印装
710×1000 16 开 13.25 印张 220000 字
2023 年 2 月第 1 版 2023 年 2 月第 1 次印刷
ISBN 978-7-5218-4066-7 定价：55.00 元
（图书出现印装问题，本社负责调换。电话：010-88191510）

序　言

随着创新的复杂性、不确定性和创新模式的融合性加剧，单个企业的创新能力日益受到挑战，协同创新应运而生，亦形成了大量以创新为目标的多元主体协同互动的创新型网络组织，即企业协同创新网络，它们的创新活动对所在地区的经济发展具有重要的促进作用。我国政府非常重视国内企业的协同创新，制定了一系列鼓励协同创新的政策，高校、企业等组织也响应政策积极进行协同创新实践。但现实中许多创新主体对企业协同创新网络及其协同创新的认识不足，未形成高效的协同创新要素共同作用机制，各类创新主体的作用也未得到充分发挥，从而限制了网络成员持续、协调的协同创新行为，大大影响了所在区域的经济发展。要使创新成为企业发展和经济增长的新动能，改变以往依靠劳动力、资本和资源的要素驱动增长方式，需要企业、社会和政府的共同努力，需要在外部环境因素和内部主体因素等内外源驱动力的共同作用下，促进创新主体进行有效协调配合、持续沟通、迭代与改进，从而打造高效的企业协同创新网络，形成良性的创新生态循环，推动创新活动的顺利进行，从而提升企业网络协同创新绩效。本书的研究目的即探求企业网络协同创新要素，研究这些要素之间的相互作用机理及动态影响关系，探讨企业网络协同创新的治理策略。本书的研究对于拓展驱力—诱因理论应用领域、丰富企业协同创新研究内容，对于各级政府考虑自身发展情境、制定恰当的地区企业协同创新网络发展政策、进行企业网络治理和推动企业协同创新实践有着重要借鉴意义。

本研究以协同创新理论、网络组织理论、行动者网络理论、驱力—诱因理论和协同演化理论为指导，做了如下几项工作：第一，使用扎根理论分析方法，对175份有效样本资料进行分析，经过初始概念提炼、副范畴归纳、主范畴分析与选择性编码过程，总结了企业协同创新网络的7项协同创新要素，即创新条件、合作能力、政策环境、机制环境、市场环境、协同创新行为和协同创新绩效，并分析了这7项协同创新要素的相互作用关系，提出研究假设，构建了企业网络协同创新要素作用机理模型。第二，使用结构方程分析法，对企业网络协同创新要素作用模型进行了静态实证分析，分别验证了内源性驱动因素、外源性驱动因素对企业网络协同创新行为和协同创新绩效的理论假设，检验了政策环境、机制环境和市场环境对创新主体因素和协同创新行为的调节作用。除了假设H5不能成立外，其他假设均通过了实证检验，验证了模型的正确性。第三，使用系统动力学方法，在画出企业网络协同创新要素因果关系图和系统流图的基础上，对企业网络协同创新要素作用机理进行了动态仿真模拟与结果分析。第四，使用案例分析法，基于协同创新要素的视角，对山西高科华烨的协同创新过程进行了分析。第五，进行了包括目标与绩效、相关利益主体与驱动因素三个维度的治理策略研究。

本书的研究结论是：第一，企业网络的7项协同创新要素可以有机结合，形成企业网络协同创新系统。此系统中，创新条件与合作能力是内源性驱动因素，政策环境、机制环境与市场环境是外源性驱动因素，它们共同作用于企业网络协同创新行为，进而影响企业网络协同创新绩效。第二，创新条件对合作能力、协同创新行为、协同创新绩效具有正向促进作用，合作能力对协同创新行为具有正向促进作用，政策环境、机制环境、市场环境对协同创新行为均发挥着正向促进作用，并且分别正向促进创新条件对协同创新行为、合作能力对协同创新行为的影响，协同创新行为在创新条件、合作能力和协同创新绩效之间起中介作用。从总效应值来看，市场环境对企业网络协同创新绩效的影响最大，其次是机制环境，最后是政策环境；高新技术企业不能调节合作能力对协同创新行为的关系，创新不是高新技术企业的专利。第三，动态模拟仿真结果表明，强度值变化前后，内外源驱动因素对协同创新行为和协同创新绩效的作用不同，只有各类驱动因素共同增强时才能最大化地发挥其驱动效果。企业网络协同创新活动的进行应以内源性驱动力为主，外源性驱动力为辅。创新阻力的存在会对内外源驱动因素的协同作用产生影响，因而在增强内外源驱动因素强度的同时，应消除创新阻力的影响。第四，案例分析结果表明，企业网络协同创新共经历3个阶段，7项协同创新要素在不同阶段的表现各不相同。企业应及时转换发展思维，根据自身组织与环境特点选择适合自身特点的创新导向与发展策略，从而实现可持续发展。第五，企业网络协同创新的治理应当多维度相结合，充分发挥多维力量，共同促进企业网络协同创新的绩效提升。

本书的主要创新：第一，创新性地引入驱力—诱因理论对企业协同创新网络进行研究，构建了基于动因—行为—绩效范式的企业网络协同创新要素作用机理模型。该模型将内外部驱动因素与行为和绩效结合进行研究，既站在系统视角看待企业网络协同创新问题，又研究系统内不同因素之间的相互作用关系，并实现了驱力—诱因理论在企业协同创新领域的应用。第二，厘清了企业网络协同创新要素相互作用机理。从静态与动态两方面准确把握企业网络协同创新要素的相互关系及其动态影响，甄别并捕获提升企业网络协同创新绩效的可行路径，为企业网络协同创新实践中协同创新要素协同作用的充分发挥提供了理论依据。第三，设计了企业网络协同创新治理策略体系。依据企业网络协同创新要素作用机理分析结果，设计了包括目标与绩效、相关利益主体与驱动因素的三维度治理策略体系，丰富了企业网络协同创新治理的内容。

在本书的完成过程中，导师孙国强教授给予了我巨大的帮助与支持。他教授给我研究问题的方法、思考问题的角度以及解决问题的方式，在全书结构、研究内容、研究过程等方面均提出建设性意见，使我受益匪浅，为本书的顺利完成奠定了坚实的基础。

感谢赵国浩教授、杨俊青教授、张宝建教授、彭正银教授、党兴华教授、牛冲槐教授等校内外专家为本书提出的非常中肯的意见和建议，也感谢其他老师、学生的热心支持，包括吉迎东、赵文、邱玉霞、张玲、石海瑞、石文萍、裴梦丹等老师和我的学生段婷等。当我写作陷入困境，感觉“山重水复”之时，他们提供的及时帮助与启发使我顿有“柳暗花明”之感，从而加快了研究的进程。最后感谢家人默默、无私的支持，使我砥砺前行，一步步走向成功。

作　者

2022 年 8 月

目　　录

第 1 章

绪　论

1.1 研究背景和意义

1.1.1 研究背景

随着创新的复杂性、不确定性和创新模式的融合性加剧，单个企业的创新能力日益受到挑战，单独的创新活动，甚至小范围、单层次的合作创新已很难满足技术创新的需要，协同创新应运而生（刘丹和闫长乐，2013）。在开放式创新背景下，创新模式逐渐向系统化、网络化范式转化（方炜和王莉丽，2018），呈现创新过程各环节的并行化、创新资源集成化和行为主体协同化（Lee et al.，2010）。因此，协同创新成为当今世界创新活动的新趋势，成为整合创新资源、提高创新效率的有效途径。企业网络是 20 世纪前后发展起来的，由多个企业通过协议、信任、社会关系等方式联合而形成的一种新型的有机组织系统。随着协同创新趋势的兴起，企业网络亦成为企业协同创新的主要创新载体。这种载体是以知识增值为核心，以企业为核心要素，以大学、研究机构、政府、中介组织等为辅助要素的多元主体协同互动的协同创新网络组织，通过各方主体的深入合作与资源融合，实现 1 +1 >2 的协同效应。美国“硅谷”成功的很大原因就在于围绕创新型企业而形成的“协同创新网络”。在这个网络中，存在大量企业、大学、研究机构、金融机构、服务型组织等主体，它们共存于同一个网络空间中，形成了顺畅的交流、沟通与协作渠道，是一种扁平的、自组织、自适应的非线性组织形式。外部经济理论、增长极理论、新竞争优势理论、技术极理论等都阐释了企业网络与创新之间的相互依存关系，依托于企业网络的企业协同创新不但可为其领域内运作的企业带来竞争优势（Diez，2001），并且通过创新行动者之间的协同与合作，对所在地区的经济发展具有重要的促进作用（Ramos & Santos，2004）。相关研究亦表明，在发展中国家的协同创新比独立创新更为重要和有效（Pai et al.，2014）。

我国政府非常重视国内企业的协同创新，在政府相关报告和领导人讲话中多次出现“协同创新”相关词汇，并制定了一系列鼓励协同创新的政策。早在2011年，教育部、财政部就印发了《2011协同创新中心建设发展规划》等三个文件，制定了“2011计划”，以协同创新中心建设为载体，联合国内外各类创新力量，建立一批协同创新平台，形成“多元、融合、动态、持续”的协同创新模式与机制，培养大批拔尖创新人才，逐步成为具有国际重大影响的学术高地、行业产业共性技术的研发基地和区域创新发展的引领阵地，在国家创新体系建设中发挥重要作用。2017年之后，在总结“2011计划”实施成效和经验的基础上，按照中央关于深化教育体制、科技体制、财税体制等改革的部署和要求，动态调整组织实施方式，进一步优化协同创新体制机制，推动协同创新中心持续健康发展，力争实现面向科学前沿的协同创新中心、面向文化传承创新的协同创新中心、面向行业产业的协同创新中心、面向区域发展的协同创新中心4个目标。其中，面向行业产业的协同创新中心主要包括传统产业的转型升级和战略性新兴产业发展两项内容。2019年党的十九届四中全会《中共中央关于坚持和完善中国特色社会主义制度、推进国家治理体系和治理能力现代化若干重大问题的决定》指出，建立以企业为主体、市场为导向、产学研深度融合的技术创新体系，支持大中小企业和各类主体融通创新，创新促进科技成果转化机制，提升产业基础能力和产业链现代化水平。2020年5月22日李克强总理在第十三届全国人民代表大会的政府工作报告中又一次指出：要提高科技创新支撑能力，引导企业增加研发投入，促进产学研融通创新，深化国际科技合作。我国当前正处于经济转型的关键时刻，减少对传统发展路径的依赖，依靠创新驱动经济发展，成为我国跨越中等收入陷阱、促进产业升级的必由之路（何郁冰，2012）。

目前，低技术含量企业以及传统产业仍旧在我国占主要地位，由于技术与产品更新换代速度加快，出于模仿创新动机而单纯引进新技术，或自力更生进行简单创新等诸如此类方式已无法适应越来越激烈的竞争环境。因此越来越多的企业认识到了协同创新的重要性，很多企业通过社会关系、契约关系、合作网络等渠道，与其他企业、大学、科研机构、中介机构和政府等不同的伙伴联结进行协同创新，形成了多种类型的企业协同创新网络，它们作为区域经济发展的一种重要载体，在提高产业竞争优势方面起到了非常重要的作用，正走在从“量”变到“质”变的道路上，呈现出“创新经济体”的新常态（王胜光等，2012）。其中有一些企业协同创新网络建设非常成功，如我国的高铁建设，就是基于政、产、学、研之间的高度协同创新，实现了从追赶到引领世界前沿的新态势（陈劲和阳银娟，2012）。

有成功也有失败，国内仍有多数企业由于受到各种影响因素的制约而存在着对企业协同创新的认识模糊、创新资源配置不合理、网络组织不健全、协同创新机制缺失等一系列问题，导致创新能力不足，影响着企业的创新绩效，也成为影响企业建设与发展的最大瓶颈。例如，一些人将协同创新单纯理解为高新技术产业领域的创新，一些地方将发展主导产业（或支柱产业）或建设工业园区等同于发展企业协同创新网络；过分依赖大企业或大项目发展企业协同创新网络，忽视中小企业在协同创新中的重要作用；重视“七通一平”、基础设施等硬环境建设，忽视文化交流等软环境建设；协同创新内部条件不完备，同类企业恶性竞争，相互压价，开展合作和联合较为困难，没有形成相互支撑、相互依存的专业化分工协同创新网络，集而不群的现象普遍；一些协同创新网络临近大学或研究机构，但由于缺乏良好的合作机制和合作氛围，使得这些大学或科研机构并未充分发挥其创新源泉的作用；协同创新外部环境还不完善，制约着企业网络协同创新主体的创新积极性与创新能力的提升等。

据《中国城市和产业创新力报告2017》显示，我国企业创新活动的发展很不平衡，主要集中于长三角、珠三角和环渤海这三个地区，2016年创新能力前20位的企业中有8家位于北京、7家位于深圳、2家位于上海，创新行为在区域分布上很不平衡，呈现出在东部区域集聚的显著特征，且创新更多地集中在工业领域。

总而言之，我国企业协同创新的发展还存在诸多问题，可以归结为：首先，对企业协同创新网络及其协同创新的认识不足，未深刻领会企业协同创新网络的内涵，将工业园区、高新科技园区等同于企业协同创新网络，将发展大项目、核心产业等同于协同创新，企业网络协同创新治理的目标不明确。其次，企业网络协同创新驱动要素的协同作用未得到充分发挥。如过多重视创新硬件条件而对创新软件条件和创新能力提升关注较少，过多关注政府政策而忽视市场与机制环境的完善等，未使内外源驱动因素充分发挥 1 + 1 >2 的作用，未形成高效的内外源驱动因素共同作用机制。最后，政府、中介组织、科研院所、企业等各类创新主体的作用未得到充分发挥。如政府干涉过多、中介组织能力不足、科研院所成果转化困难、企业自主权力不足等，限制了企业协同创新网络持续、协调的协同创新行为，进而大大影响其协同创新绩效。

传统企业转变经营观念进行转型升级不是一朝一夕的事情，协同创新也不是一种简单的创新活动。要使协同创新成为企业发展和经济增长的新动能，从而改变以前依靠劳动力、资本和资源的要素驱动方式，需要企业、社会和政府的共同努力，需要在外部环境因素和内部主体因素等内外源驱动力的共同作用下，促使创新主体进行有效协调配合、持续沟通、迭代与改进，从而打造高效的企业协同创新网络，形成良性的创新生态循环，推动创新活动的顺利进行。但如何界定企业网络协同创新要素，如何认识各类创新要素的作用机理，如何优化各类驱动因素，使之适应我国不同地区差异化发展条件，如何对企业网络协同创新进行治理，提升创新主体协同创新的积极性从而进行价值共创，这些问题均需进行深入研究。可以理解的是，创新主体的经营现状与创新能力不同，利益诉求和出发点不完全一样，面临的创新条件与环境不同，各种驱动因素对协同创新行为和创新绩效的作用机理必然会有所不同。因此，探寻企业网络协同创新的构成要素及其相互关系，探索企业网络协同创新[①]的动态作用机理，有利于促进各方成员深度合作，形成多方共赢的格局，实现企业协同创新网络的可持续发展（陈劲和阳银娟，2012）。

本书拟从完善企业协同创新网络、提升企业网络协同创新行为和协同创新绩效的角度对企业协同创新网络进行创新要素分析，探索这些创新要素之间的因果关系，明确内外源驱动因素的动态变化对协同创新行为和创新绩效的不同影响，获得提升企业网络协同创新绩效的有效路径，并探讨企业网络

① 本书的“企业网络”与“企业协同创新网络”内涵一致，主要是为避免出现“企业协同创新网络协同创新”语义重复问题而进行了简化。具体解释见本书 2. 1. 1 节。

协同创新有效治理的策略，为推动我国传统企业网络发展壮大、促进地方产业结构转型升级和经济发展、提升我国自主创新效率、打造创新型国家做出一定贡献。

1.1.2 研究意义

1. 理论意义

第一，引入驱力—诱因理论对企业网络协同创新进行研究，拓展驱力—诱因理论的应用领域。根据行为心理学的诱因理论，个体行为除了受到内在因素驱动外，还受到外在环境的诱发，促使个体采取行动去追求目标的实现。内在驱动与外在诱因均为个体行为的决定因素。从企业协同创新生态角度来看，它的发展同样需要创新主体与创新环境进行密切联系和相互作用，因此可将创新主体与创新环境看作企业网络成员协同创新行为的内外源驱动因素，共同促使协同创新行为产生积极作用从而获得良好的创新绩效。本书基于此理论构建的企业协同创新要素作用机理模型，是对行为心理学的驱力—诱因理论在协同创新研究领域的应用和扩展。

第二，探求企业协同创新网络的创新要素及其作用机理，丰富企业网络协同创新领域研究内容。作为一种有利于创新活动的组织形态，企业协同创新网络成为近年来学术界关注的热点。但企业协同创新网络内的各类创新主体如何进行协同创新，如何形成有序的生态循环实现可持续发展，研究成果仍显不足，无法满足国内众多企业创新发展的需求。因此本研究以协同创新理论为指导，通过揭示企业网络协同创新要素及其作用机理，厘清各项创新要素的动态变化逻辑，从系统治理的角度提出企业网络协同创新治理策略，以弥补企业网络协同创新研究的不足，丰富企业网络协同创新研究内容。

第三，完善企业协同创新网络研究方法。由于企业协同创新网络具有复杂系统的特点，使得对其研究比较困难，当前大多研究还处于理论分析阶段，少数实证文章采用回归、博弈等方法进行研究，但受限于数据收集等局限，分析也不够完备，未达到系统高度。本书拟突破原有方法的局限，使用结构方程、仿真模拟、案例分析法进行实证研究，是对企业网络协同创新研究方法的完善与补充。

2. 现实意义

第一，为我国各级政府制定创新发展政策、提升创新治理水平提供一定的理论依据。本书提取了企业网络协同创新要素 7 项，建立了企业网络协同创新要素作用模型，分析了内外源驱动因素对协同创新行为和协同创新绩效的作用机理，为我国在实践中发展创新型经济，制定产业发展政策，正确发挥内外源驱动要素的作用，提升创新治理水平提供理论指导。

第二，为促进地区经济创新发展，形成创新生态提供一定的实践依据。企业协同创新网络是地方经济发展的主要组成部分，但我国各地区创新活动的发展很不平衡，呈现出在东部区域集聚的显著特征，了解各类创新要素的协同作用机理对于地方政府尤其是中西部地区政府充分引导创新主体发挥协同作用，打造地区创新生态、提升地区经济水平意义重大。

第三，为企业网络协同创新治理和企业创新实践提供实践指导。企业是创新活动的主体，企业协同创新网络的存在为各类企业高效利用各种创新资源，为实现创新主体间有效协调配合、持续沟通、迭代与改进提供了良好的组织载体。本书的研究可为企业网络创新主体正确认识企业网络协同创新要素的作用机理、提升协同创新治理水平，为企业进行协同创新实践并提高创新能力提供理论依据与实践指导。

1.2 国内外文献综述

1.2.1 协同创新网络的内涵与模式

美国战略管理学家安索夫（Ansoff）于 1965 年首次从管理角度阐述“协同”的概念，认为系统内各节点通过共享、配合与协作，可实现总绩效远超各节点绩效之和的效果。进入 21 世纪，随着协同理论在企业技术创新领域的应用，协同与创新理念实现融合，协同创新概念由此产生。它改变了以往的创新研究和实践主要聚焦于企业内部的创新行为，或者是一些独立的创新行为、单项技术的创新，强调创新环境的复杂性要求广大企业不仅要关注企业内部的创新行为，还需要考虑同系统内其他企业甚至其他系统中的企业之间的有效协同创新（Srivastava & Gnyawal，2018），从而得到更加丰富的知识、市场和新技术（Fitjar，2015），促进用户的参与、对创新成果的有效传递和应用（尤建新等，2017），最终提升企业绩效，实现企业的可持续发展。由此企业逐渐步入“协同创新”时代，协同竞争观成为现代企业发展的战略新意境（Ahuja，2000）。彼得（Peter，2006）最早给出了协同创新的定义，即对各类要素资源和特定的比较优势进行整合和协调，以实现创新目标促进企业高质量增长的过程。协同创新由于其天然的网络属性而形成协同创新网络，该网络拥有众多异质性创新参与者和创新要素，由于创新成果的不可分割性（Westbrock，2010），各种创新要素之间通过复杂的非线性作用进行资源共享、知识传递和技术扩散（刘丹和闫长乐，2013），因而具有复杂的自适应网络系统特征。在特定因素的影响下，协同创新网络可实现比单独企业创新更高的效率和稳定性（Anzola – Román et al.，2019）。

从参与主体来看，协同创新网络可分为区域性企业/产业集群协同创新网络和产学研协同创新网络（崔永华和王冬杰，2011）。集群协同创新网络的主体是集中在某一区域的专业化的企业群体，它们之间更多地通过利益链条或者价值链条相互连接，企业之间同时存在着竞争与合作（Maskell et al.，2004）；产学研协同创新网络的主体是若干高等院校、科研院所、中介组织、企业等不同类型参与创新的组织，是由资源禀赋、目标需求、运作模式互不相同的异质性机构作为网络节点，节点之间更多通过知识共享和技术转移相互结合（Pinto et al.，2018），其实质是整合各个成员单位的资源并实现协同目标。产学研协同创新网络进一步可分为以知识集成为目标的拥有差异化资源的主体所组成的分布式产学研协同创新网络和以产业链业务为纽带（陈怀超等，2020），以共赢为目标，相关创新主体通过价值传递而形成的开放式产业链协同创新网络（彭华涛和范丹，2013）。产学研协同是当前企业获取资源、提升创新能力的一种有效方式，亦可有效提高企业创新绩效，产学研协同创新符合时代发展要求（叶传盛和陈传明，2022）。

企业网络协同创新模式是指企业与其他创新行为主体协作所形成的各种创新模式（解学梅，2014）。根据合作紧密程度、合作方式、主体作用等不同的分类标准可将协同创新模式分为多种类型（Hwang，2020）。从主体作用视角将产学研协同创新模式分为政府主导型、企业主导型、大学与科研机构主导型、共同主导型4类（李焱焱，2004），从合作方式和紧密度视角可将其划分为技术转让、委托研究（Bönte et al.，2005）、研发协作、内部一体化（Heil et al.，2018）、共建实体或平台（Pons et al.，2018）等模式；从协同内容视角分为战略协同、组织协同与技术协同（周燕华等，2017），从内在驱动力视角将协同创新模式分为公共创新平台驱动型、校（院）地合作驱动型、龙头企业带动型、多要素综合驱动型（韦文求等，2018）。

各类协同创新模式具有差异性。比如由于对信息泄漏和利益分配的担忧，与竞争对手合作并不是实现产品创新唯一的方式（Milwood et al.，2018），但相较于其他产业，高科技产业内渐进性创新和根本性创新的有效途径却是与竞争对手的联合创新（Suh et al.，2013）；在动力结构有差异时，企业协同创新网络的“依附型”与“主导型”模式也各自使用不同的协同机制（孙荣臻，2019）。因此，对不同的协同创新模式差异性研究具有现实意义（Pons et al.，2018）。

1.2.2 企业网络协同创新影响因素研究

早期的学者认为，企业保持竞争优势的重要条件是拥有核心能力（Prahalad & Hamel，1990）。但随着外部环境动态变化越来越强，在特定市场和路径情境下，动态能力在获取竞争优势方面起着越来越重要的作用（Teece，1997；Eisenhardt & Martin，2000）。随着研究的深入，学者们认识到，动态能力在应对市场机会、风险、演化方面不足以给企业带来长期的竞争优势（Helfat & Peteraf，2003），必须考虑外部环境的作用，考虑与其他外部主体的协作以及利用外部资源等因素。简言之，企业要想获取竞争优势，需要与其他创新主体进行多层次多维度的协同创新（解学梅和陈佳玲，2022），建立完善高效的协同创新网络（赵泽斌等，2019），需要内部能力与外部资源的协作与整合（汪秀婷和程斌武，2014）。单纯通过政府推动等外部动力或单纯依靠网络特征、作用机制等内部动力因素均不足以完全发挥协同创新网络的作用（陈金丹等，2016），需要将网络自组织与他组织两类网络构建方式有效结合，充分发挥内外两种动力因素的协同作用。外部驱动因素提供外部激励，对企业协同创新决策、运行等产生影响，内部驱动因素包括规模、发展条件、能力等（侯光明等，2021），由自身需求产生，是企业协同创新的内生动力。通过两类因素的协同作用机制的构建与运行，促进企业协同创新网络的可持续发展（方炜和王莉丽，2018）。

国内外学者从不同角度探讨了影响企业网络协同创新的因素。部分学者对影响企业网络协同创新的外部因素做了分析。政府政策、制度、市场和文化等环境因素是企业协同创新网络功能发挥的重要支持因素（Uyarra，2010；Carlotto，2010），它们为企业提供人才供给环境、整合创新资源、对创新活动产生扩散效应（金吾伦，2006），对创新主体的战略行为和协同创新行为有重要影响作用（宫淑燕和夏维力，2013）。企业协同创新网络必须存在支持协同创新的外在环境，形成环境“温室”，形成激励创新的社会文化（陈劲和阳银娟，2012）。其中，政府政策是干预企业协同创新网络运行的主要手段，其目标之一是通过政府高效率的政策支持，通过政府的监管和惩罚促使企业选择协同创新行为（杨乃定等，2022），促进创新主体之间的合作（Uyarra & Ramlogan，2016）。但干预有可能破坏竞争的公平性，使经济活动产生混乱或不均衡，因此政策制定者需要采用适当的成本补贴和成果奖励措施增强企业网络协同创新优势（李柏洲等，2021），在放手和直接引导之间达成谨慎的平衡（王帮俊和朱荣，2019），从而推动企业协同创新网络的健康发展。菲利佩蒂和阿基布吉（Filippetti & Archibugi，2011）从创新系统结构的视角，发现人力资源质量、高技术产业专业化程度和金融系统完善程度是影响企业协同创新网络创新能力的关键因素。斯里瓦斯塔瓦和尼亚瓦尔（Srivastava & Gnyawal，2018）认为，创新资源的质量和多样性有助于突破性创新。要合理利用各种资源，相互补充，以达到突破性创新的目的。吴爱华等（2014）探索了专用性投资、知识复杂性及环境不确定性对企业协同创新决策的影响。结果显示，专用性投资对协同创新的形成具有积极作用，环境不确定性不利于形成协同创新。贝兰迪等（Bellandi et al.，2014）探讨了基础设施、公共服务政策、中介机构对企业网络协同创新行为的影响。行业协会也会对企业协同创新网络的创新活动产生催化作用（Schwartz & Barel，2015）。由于不同企业协同创新网络在资源、基础设施、协作机制等方面存在差异，因此应当根据自身特点采用具有自身特色的发展模式。政府也应根据不同创新主体的状况采用营造良好的创新环境、强度不同的直接政策与间接政策，通过不同的组合政策支持（章磊和王祥宇，2021），较单一政策支持更能带来有效的企业网络协同创新结果。

部分学者对影响企业协同创新的各种内外因素做了分类探索研究。汪安佑等（2008）从内部核心要素和外部支撑要素两方面来分析企业网络协同创新的创新要素。蒋石梅等（2012）根据协同学理论，从创新环境子系统、创新主体系统和支撑环境系统角度对企业协同创新网络进行分析，并通过对保定市新能源及输变电产业集群的实证分析验证了其理论假设。伊萨克森（Isaksen，2004）以欧洲集群作为实证对象，发现创新资源质量和合作程度是影响企业网络协同创新功能强弱最根本的因素。奥克萨南特和豪塔梅基（Oksanent & Hautamäki，2015）指出创新的影响因素是多样化的，不但涉及创新环境、资源等因素，还包括创新主体的创新潜力，因此要注重培养创新主体的创新能力，尤其要重视创新主体的协同创新。欧光军等（2015）通过因子分析解析出制约企业网络协同创新集成能力生成的 8 个因素，并检测了各因素对企业网络协同创新集成能力的影响强度差异。宫淑燕和夏维力（2013）分析了影响协同创新的内生与外生因素，强调了创新环境对创新主体的战略行为和协同创新行为的直接影响作用。冯立杰等（2021）分析了 3 种内外因素即制度环境、异质性知识来源和吸收能力的各种不同组态对协同创新绩效的影响作用，发现了 3 条形成高协同创新绩效的驱动路径。

一些学者专门研究了与协同创新主体相关的影响因素。古耀杰等（2016）剖析了协同创新、知识外溢和专业化分工推动企业创新能力提升的作用机理。钱德拉什卡尔等（Chandrashekar et al.，2018）对孟加拉国企业集群协同创新的研究证明了创新主体的密切协作和吸收能力对协同创新网络顺利运行和协同创新程度的影响。为了实现协作，系统内成员需共同努力找到系统内成员利益的均衡点，且非正式交流和弱关系在协同创新的过程中有很大的作用（林竞君，2004）。在正式和非正式沟通机制的影响下，系统内的能量传递过程实现了创新知识的价值增值（王庆金等，2019），使得企业协同创新网络将获得越来越多的活力，以实现生存和可持续发展（Yu & Zhang，2014）。欧光军（2016）探讨了知识吸收与创造能力、创新管理能力、创新效益实现能力等因素对协同创新主体协同创新的影响，并构建生态路径整合模型，对高技术产业集群的主体创新集成能力的提升给出了合理化建议。内斯特和塔博（Nestle & Täube，2018）对德国创新组织的研究发现，集聚、网络、信息不对称和信任等网络组织结构和关系要素在很大程度上影响协同创新文化。通过增强信任和消除信息不对称，可以显著影响企业协同创新网络成员的协同创新水平。另外，不同的知识来源、行为主体和地理空间也会对创新结果产生影响（Aslesen & Pettersen，2018）。不同维度的企业家战略能力对企业绩效的影响有所差异，这种影响会受到环境动态性的调节（Zahra & Nambisan，2011；项国鹏，2013）。协同创新者的教育背景、与其他创新成员的关系（Okamuro & Nishimura，2011）、激励程度（Thorgren et al.，2009）、网络规模和嵌入力、信息融合力、协同创新力（何中兵等，2021）等特征也会对创新结果产生非常重要的影响。协同创新网络中各主体初始比例、知识共享水平、协同创新机制对促进协同创新具有重要作用，能够对创新主体形成有效约束和正向激励，从而促进企业协同创新（綦良群等，2022）。因此中国情境下的管理理论需要重视与企业主体相关的特有影响因素及相应的情境因素对企业网络协同创新的作用（崔淼等，2015）。

本书对相关文献提到的影响因素进行分析与总结，从外部因素与内部因素两方面，提取出对协同创新行为具有影响作用的因素，各项影响因素的内涵、表现因素及主要代表学者如表1.1所示。

表1.1　企业网络协同创新影响因素总结

<table>
<tr><th colspan="2">动因</th><th>主要内涵</th><th>表现因素</th><th>主要代表性学者</th></tr>
<tr><td rowspan="6">外部因素</td><td rowspan="6">创新环境因素</td><td rowspan="6">对协同创新活动有直接或间接影响的外部环境要素的总和，主要包括政策环境、外部科技环境、外部社会人文环境、基础设施等。它们是协同创新的环境保障</td><td>政府政策、制度、市场、文化等</td><td>乌亚拉（Uyarra），2010；
卡洛托（Carlotto），2010；
郭丕斌等，2011；
叶传盛和陈传明，2022</td></tr>
<tr><td>政府政策</td><td>乌亚拉和拉姆洛根（Uyarra & Ramlogan），2016；
王帮俊和朱荣，2019</td></tr>
<tr><td>政策、经济、人文、技术环境</td><td>颜永才，2013；
陈怀超等，2020</td></tr>
<tr><td>政策、法律、文化环境等</td><td>蔡姝莎等，2018</td></tr>
<tr><td>政策、科技、金融环境</td><td>欧光军等，2016</td></tr>
<tr><td>基础设施</td><td>刘雪芹和张贵，2016；
贝兰迪等（Bellandi et al.），2014</td></tr>
</table>

续表

动因		主要内涵	表现因素	主要代表性学者
外部因素	创新资源因素	人才、资金、物、信息、技术、知识、设施等资源的有机流动和配置。它们是协同创新的物质保障	人力资本	刘雪芹和张贵，2016
			财物资源	陈强等，2013
			技术资源	王国红等，2012
			信息资源	钟炜等，2017
			创新型资本和人才	于喜展和张传波（Yu & Zhang），2014； 古耀杰，2016
			创新资源质量	斯里瓦斯塔瓦和格尼亚瓦尔（Srivastava & Gnyawal），2018
	创新机制因素	管理机制、公共服务机制、创新需求、市场机制状况、创新激励机制等。它们是协同创新的机制保障	行业标准和规则制定、市场培育机制	埃德勒和乔治乌（Edler & Georghiou），2007； 李斌和韩菁，2019
			市场对创新产品的需求程度	吴金希等，2015
			市场机制的完善规范	贺团涛和曾德明，2008
			高技术产业专业化程度和金融系统完善程度	菲利佩蒂和阿基布吉（Filippetti & Archibugi），2011； 张其仔和许明，2020
	创新机制因素	管理机制、公共服务机制、创新需求、市场机制状况、创新激励机制等。它们是协同创新的机制保障	信息沟通机制	于喜展和张传波（Yu & Zhang），2014； 阿特里耶和法西奥（Athreye & Fassio），2020
			风险投资驱动机制、中介机构服务机制、创新文化激励机制等	贝兰迪等（Bellandi et al.），2014； 施瓦茨和巴雷尔（Schwartz & Barel），2015； 詹志华和王豪儒，2018

续表

动因		主要内涵	表现因素	主要代表性学者
内部因素	创新条件因素	包括创新平台、基地、科研创新团队建设情况、创新管理机制、协同创新机制、与科研机构及产业链伙伴建立的外部协同创新网络等。它们是协同创新的组织保障	创新资源质量和合作程度	伊萨克森（Isaksen），2004； 黄昊等，2020
			整体协作	马丁内斯（Martínez），2020； 董媛媛等，2019； 綦良群等，2022
			正式交流和弱关系	林竞君，2004
			创新平台/基地建设情况	王伟光等，2015
			科研创新团队建设	李军等，2018
			协同创新机制	鲁若愚等，2012； 黄妍等，2022； 于喜展和张传波（Yu & Zhang），2014
			外部协同创新网络建设	解学梅等，2015； 何中兵等，2021； 内斯特和塔博（Nestle & Täube），2018
	创新能力因素	促进协同创新的能力，可从多角度进行认识。它们是协同创新的能力保障	知识吸收与创造能力、创新管理能力、创新效益实现能力	欧光军等，2015，2016； 阿斯莱森和彼得森（Aslesen & Pettersen），2018
			基本要素驱动能力、科技创新驱动能力	王新红和李世婷，2017
			决策能力、协作互动能力	董秋霞和高长春，2012
			企业家战略能力等	扎赫拉和南比桑（Zahra & Nambisan），2011； 项国鹏，2013
			吸收能力	钱德拉舍卡尔（Chandrashekar），2018
			创新潜力	池毛毛等（Chi et al.），2015
			技术能力	张利飞，2009； 余江等，2013

资料来源：作者根据相关文献整理。

1.2.3 企业网络协同创新作用机制研究

当前学术界对企业网络协同创新作用机制的研究主要集中在演化机制、协同机制、激励机制等几方面。

演化机制的研究主要包括对企业网络协同创新行为的演化特征及其基本条件分析（董媛媛和卢斌斌，2019；李军等，2018）、企业网络协同创新行为的发生机理及进化过程分析（张敬文等，2016；陈怀超，2020）以及企业协同创新网络关系强度（朱兵，2016）等，主要使用演化博弈分析方法。刘友金和罗发友（2004）把行为生态学引入企业网络协同创新行为研究中，构建了企业技术创新协同行为的行为生态学系统分析框架。李军等（2018）对企业网络协同创新进行了竞合博弈分析，研究了合作契约达成的条件。李柏洲（2020）使用模拟仿真方法研究了企业网络协同创新的演化规律，证明了政策条件与知识获取对协同绩效的作用。侯杰和李柏洲（Hou & Li，2020）构建了物联网产业演化博弈模型，分析了8项因素和4种机制对协同各方进化行为的不同影响。克里韦拉里（Crivellari，2019）研究了企业与公共部门形成有效合作创新的起源与发展过程。朱兵（2016）运用演化博弈方法，分析了企业协同创新网络关系强度对协作企业价值创造的作用机理，对影响关系强度演化的因素进行了分析。王松和盛亚（2013）基于演化视角证明了协同创新网络合作度、开放度对协同创新绩效的促进作用。张华（2016）从资源依赖角度分析核心企业与配套企业种群协同创新的进化机制，认为协同企业间的合作行为应考虑企业合作态度或参与动机的影响，实现创新主体地位均等的协同创新。

协同机制的研究主要关注企业协同创新网络中多个合作伙伴如何进行动态协同从而提升创新绩效的问题（蒋石梅等，2012；Davis，2016）。合理的多主体协同机制对内可减轻企业网络成员的运营成本，提升创新绩效，对外则可降低地方政府的监管成本（武健等，2021）。卡普尔和李（Kapoor & Lee，2013）、帕克等（Park et al.，2016）探讨了如何建立协同创新机制从而推动企业网络成员企业的协同创新行为进而促进企业的价值创造。为了实现协同，系统内成员需共同努力找到系统内成员利益的均衡点。博格等（Borgh et al.，2012）研究发现，价值创造依赖于企业间的交互和协同的动态以及与企业与整个创新系统的协调性。因此系统管理者必须有意地为那些不再适合创新系统的企业提供退出途径，以便增强和加强其商业模式（宾厚等，2020）。网络协调理论框架可以很好地解释协同创新环境下参与协同创新活动的成员之间的协调行为关系（Milwood & Roehl，2018）。

激励机制的研究包括资源共享激励、创新文化激励、制度激励等。打造企业协同创新网络是促进区域竞争力和经济增长的有效方法，应通过建立诸如企业、政府和学术界等各方的知识和信息共享、人力资源共享等来促进积极协同创新进而提升创新绩效（Dhewanto et al.，2015）。钱德拉舍卡尔等（Chandrashekar et al.，2018）认为良好创新文化影响下的具有协同创新倾向的企业比其他企业具有更高的创新绩效。制度激励也可以促进企业的协同创新行为，但协同行为培育是一个循序渐进的过程，政府的干预、何时干预将由企业协同创新网络的发展现状和所属区域的实际情况来决定（Uyarra & Ramlogan，2016）。科学识别企业协同创新网络中的外部与内部关键激励要素（李玥等，2020），制定合理的激励契约（Hao et al.，2020），如设置合理的收益分配机制等，充分发挥各项激励要素的协同作用，并提高知识窃取惩罚成本（綦良群等，2022），可以有效提升协同创新网络成员的协同意愿，形成有效的正向激励和约束，提高协同创新水平和创新绩效。

1.2.4 企业网络协同创新风险治理策略研究

在企业协同创新网络发展过程中，必然会遇到各种问题与风险。从"产品生命周期"角度来看，企业协同创新网络可能会由于生命周期的存在而产生结构性风险（Tichy，1998），甚至会产生解体的风险（Dalum，2005）。企业协同创新网络的创新主体可能面临着合作、逆向选择等风险（王发明和彭长虹，2017），特别是由于创新主体协同增多，必然会增加相关的关系风险。企业协同创新网络发展过程中可能存在结构不平衡、创新联系不紧密、不同创新要素相互抑制等风险，企业网络协同创新的成功也会面临知识溢出风险（胡峰等，2020）、依赖性风险、整合风险和管理风险（Adner，2006）等。为了应对企业协同创新网络发展中的这些风险与问题，协同创新主体需要在构建良好创新结构、优化创新要素、完善管理机制、加强关系治理等方面提供一些新思路和新对策（张二震和戴翔，2017）。

在企业协同创新网络建立之初，构建合作企业之间的股权链接比非股权结构更有助于降低交易成本，减少协同风险，更有效地促进知识共享并保护核心技术不受机会伙伴的侵害，对于通过合同进行治理且遭受激励性损失的合作组织尤其有效（Pisano，1989）；也可以通过减小合作伙伴的数量或缩小合作范围、限制合作各方接触点来减少机会主义行为，降低协同风险（Oxley & Sampson，2004）。但在某些情况下，即使是最具保护性的治理结构和最受限制的合作范围也无法减少核心技术泄露，所以可以将组织学习理论和交易成本经济学的应用知识扩展到企业如何选择合作伙伴以最大限度控制协同风险上（Li，2008）。

在企业协同创新网络的演化过程中，可以通过构建适当的治理机制解决协同创新风险，比如构建与合作伙伴的合作情况相适应的知识转移机制，进而提升知识转移效率，提高协同成功率（董睿，2018）；通过建立协商机制、声誉机制、信息披露和平台开放机制及信任机制等几个方面的治理机制及其对它们进行综合运用以达到平衡企业协同创新网络各方的相互依赖性程度、解决各方利益冲突、降低由于技术专用性、“搭便车”行为和学习能力差异所带来的机会主义行为，增加协同创新主体之间的资源共享意愿的治理目标（吴绍波，2017）；还可以通过构建适当的契约形式、构建包括关系契约与信任契约在内的自实施机制、引入冲突协调的第三方管理机制和调节利益、结构、知识的调节机制来奖励合作，惩罚机会主义行为，提高外部知识内化水平，提升企业网络协同创新效率（胡珑瑛和刘颖，2019）。

还有一些研究对企业协同创新网络形成以后企业应采取的风险管理具体措施进行了探索性分析。可以采取多种不同又互补的风险管理措施，如在确定供应链的风险管理级别时，考虑产品技术程度、安全需求、供应商的相对重要性等情境因素，来缓冲合作中的不确定性，避免意外损失，且更好地预测风险（Giunipero & Eltantawy，2004）；信任是降低合作风险的最好途径，可以在相互信任的合作伙伴之间清晰地定义贡献和绩效指标，即使发生突发事件，也能通过非正式的方式解决，而不必依靠更高层次的治理和更高的合同成本（Srivastava，2018）。另外，优化和加强创新主体间的协调和互动对于降低协同创新网络依赖风险具有重要作用（Adner，2006）；建立协同共生、自组织和开放包容的企业协同创新网络可以实现对创新活动的驱动（纪承，2015）。随着互联网技术与大数据的快速发展，将区块链技术引入企业网络协同创新的治理之中，可有效解决与应对企业网络协同创新过程中的诸多风险问题（张路，2019）。

1.2.5 研究评价及启示

由文献综述可知，国内外学者在企业网络协同创新研究方面积累了一定的成果。这些成果有企业网络协同创新影响因素研究，有从机制角度分析企业协同创新网络的运行机制问题，有探讨企业网络协同创新的风险及其治理问题，但仍存在以下几方面的不足并可成为进一步深入研究的方向：

第一，外部影响因素和内部影响因素对企业网络的协同创新行为或创新绩效的影响方面的研究过于碎片化，未从系统角度总结企业网络协同创新要素，未形成动因—行为—绩效之间完整、统一的因果关系解释框架。

第二，虽然有许多文献研究企业网络协同创新行为的动态博弈及其变化，但从系统角度研究内外源驱动因素的动态变化对网络成员协同创新行为的影响的研究比较缺乏。这是由于，企业协同创新网络是个非常复杂的系统，其运行受到各种内外因素的综合影响，且不同因素的多种状态会形成多种组合从而产生不同的结果。因而采用动态视角进行系统研究，深入探讨内外源驱动因素对企业网络协同创新行为和协同创新绩效的动态影响机理非常必要。

第三，对于企业网络协同创新的治理已有诸多研究成果，但这些治理方式均只是强调某一方面，未形成企业网络协同创新较完整的治理体系。应当设计系统的有逻辑性的我国企业网络协同创新治理体系。

针对上述不足，本研究以协同创新、驱力—诱因等理论为指导，首先对企业协同创新网络内外动因影响协同创新行为和创新绩效的机理进行剖析，形成动因—行为—绩效思路下的较完整的研究框架；其次分析三者的静态关系与动态变化逻辑，认识其运行的内在机理，探讨动因—行为—绩效优化发展的方向；最后提出基于目标与绩效、利益相关主体、驱动因素的企业网络协同创新三维治理策略。通过本书的研究，为我国各地政府根据本地实际制定合理的企业协同创新发展政策，为各地创新企业提高治理水平、增强企业创新活力和创新绩效，为企业进行创新实践提供一定的理论依据与实践指导。

1.3 研究内容与研究方法

1.3.1 研究内容

本研究的主要内容分为 8 章。第 1 章为绪论，介绍研究背景、文献综述、研究方法与思路、研究创新点等内容；第 2 章是相关概念界定与理论基础；第 3 章是企业网络协同创新要素作用机理分析与理论模型构建；第 4 章是企业网络协同创新要素作用机理静态实证；第 5 章是企业网络协同创新要素作用机理动态模拟仿真；第 6 章是从协同创新要素的视角进行企业网络协同创新案例分析；第 7 章是企业网络协同创新治理策略研究；第 8 章是结论与展望。核心内容为以下几项：

1. 企业网络协同创新要素作用机理分析与理论模型构建

第一，广泛搜集并分析中外相关文献资料，注重学科交叉融合与成果合理借鉴，结合实地访谈，使用扎根理论质性分析法，借助 Nvivo 软件，提取企业网络协同创新要素，分析各要素之间的逻辑关系，并对提取到的各类因素及其具体内涵进行规范性描述；第二，从理论上分析内外源驱动因素对企业协同创新行为和协同创新绩效的作用机理，形成研究假设；第三，在机理分析的基础上构建企业网络协同创新要素作用机理模型。

2. 企业网络协同创新要素作用机理静态实证

第一，在确定具体评价指标与评价标准、构建模型度量体系的基础上，通过问卷调查获取所需数据资料，使用描述性统计、推断统计、探索性因子分析和验证性因子分析法对收集来的数据进行信度效度检验；第二，使用结构方程分析法对企业网络协同创新要素作用机理模型进行实证检验，确认各类创新因素作用关系的合理性并进行协同创新行为中介效应与创新环境调节效应检验，验证理论模型假设的真伪，获得相关研究结论。

3. 企业网络协同创新要素作用机理动态模拟仿真

通过内外源驱动因素的差异、分化与变化所形成的不同情境，设计仿真模型，在正确性校验、有效性检验和敏感性分析的基础上，对企业网络协同创新要素动态作用机理进行模拟仿真，并对模拟仿真结果进行分析，探讨其启示意义。

4. 企业网络协同创新治理案例分析

从协同创新要素的视角进行企业网络协同创新治理案例分析，包括案例样本的选择、案例阐述与数据分析、案例发现与案例讨论4个部分，旨在从实践角度进一步验证第3章提出的理论假设，印证第4章和第5章的分析结论，为下一步提出企业网络协同创新策略打下现实基础。

5. 企业网络协同创新治理策略研究

探讨基于三维度的企业网络协同创新治理策略体系。包括如何对企业网络治理目标进行设计与绩效安排，如何发挥政府、中介组织、科研院所与企业这几类利益相关者的作用，如何优化内外源驱动因素、促进创新要素的动态配合与调整等内容。通过企业网络协同创新治理策略的研究，为我国企业网络协同创新治理提供理论依据与实践指导。

1.3.2 研究方法

1. 文献分析与归纳演绎法

大量查阅相关文献，对已有研究成果进行归纳总结，厘清企业网络协同创新研究领域的研究脉络与不足，为本书研究提供理论基础；为使用扎根理论进行企业网络协同创新要素的提炼与总结提供文献基础；通过演绎分析法，系统探讨企业网络协同创新的治理策略，使研究成果落地于实践。

2. 调查研究法

通过问卷调查、访谈与专家调查法，获得扎根分析和实证分析所需数据：（1）问卷调查法。面向国内多个企业网络进行现场和网络问卷调查，了解企业网络协同创新现状、协同创新要素诸问题。（2）访问调查法。采用深度访谈（包括半结构化访谈）、参观访问、二手资料收集、动态跟踪等研究方法，对国内企业网络进行调研，深入研究企业网络协同创新的内在机理，为后期实证与治理分析打基础。（3）专家调查法。请教相关专家对问卷设计和访谈提纲的意见，完善访谈内容。

3. 扎根理论质性分析法

使用扎根理论质性分析方法，借助 Nvivo 软件，对调查所得资料、文献资料进行分析，经过提取概念、范畴提取、主范畴关系分析、多渠道三角验证等过程，描述与界定影响企业网络协同创新行为和协同创新绩效的内外源驱动因素，提炼协同创新行为和协同创新绩效的表现，构成企业网络协同创新要素体系，并对这些要素及其关系进行描述。

4. 统计分析方法

使用描述性统计方法对问卷及访谈情况进行总结，初步探求企业网络协同创新内外动因、协同创新行为与创新绩效的统计特征；将调查数据输入 SPSS 软件进行统计分析，运用探索性因子分析法，考察量表的信度和结构效度；使用验证性因子分析法考察各项潜变量的收敛效度；使用层次回归分析法对第 4 章的实证分析过程进行稳健性检验。

5. 结构方程模型法

使用结构方程模型（SEM）分析法，对由企业网络协同创新各项要素所构成的动因—行为—绩效模型进行因果路径分析，对多个变量的关系进行探讨，从而获得企业协同创新网络内外源驱动因素对协同创新行为及协同创新绩效的因果关系及其影响结果，并验证研究假设。

6. 系统动力学分析法

系统动力学分析法是进行系统研究的一种重要方法。由于本书所研究的企业协同创新网络具有明显的系统特征，且动态数据难以获取，因此以调查数据为基础，使用系统动力学方法对 7 项协同创新要素的关系及其动态变化过程进行系统分析与模拟仿真。首先，构建动因—行为—绩效动态仿真模型，画出因果关系图和系统流图；其次，对模型进行反复重构与不断修正，进行动因—行为—绩效模型的动态模拟仿真过程；最后，对动态模拟仿真结果进行讨论，探讨动因—行为—绩效优化发展的方向、幅度与对策，甄别并捕获提升企业网络协同创新绩效的可行路径。

7. 案例分析法

案例分析法是结合文献资料对研究样本进行分析，得出研究对象一般性、普遍性规律的方法。本书采用单案例纵向分析法，遵循归纳式案例研究程序，选用具有代表意义的山西高科华烨电子集团有限公司（高科华烨）为研究样本，研究样本在不同创新阶段的内外源驱动因子的变化情况及其对协同创新行为与协同创新绩效的影响。

1.4 研究思路与技术路线

本书以创新要素提取、理论建模构建、静态实证、仿真模拟、案例分析以及治理策略的思路展开研究。第一，在收集、查阅企业协同创新相关文献的基础上，结合问卷与实地访谈所收集的资料，借助 Nvivo 软件，使用扎根理论质性分析法，合理确定企业网络协同创新的创新要素；第二，以协同创新理论、驱力—诱因等理论为指导，进行企业网络协同创新要素作用机理分析，形成研究假设，并建立理论模型；第三，使用结构方程分析法，对动因—行为—绩效模型进行静态关系实证分析，验证理论模型假设的真伪，确认各类因素作用关系的合理性并进行深入分析；第四，使用系统动力学方法对动因—行为—绩效模型进行动态模拟仿真，甄别并捕获提升企业网络协同创新绩效的可行路径；第五，使用单案例纵向分析方法进行创新作用机制与演变路径研究，进一步验证本书的理论假设；第六，提出企业网络协同创新治理策略。研究思路如图 1.1 所示。

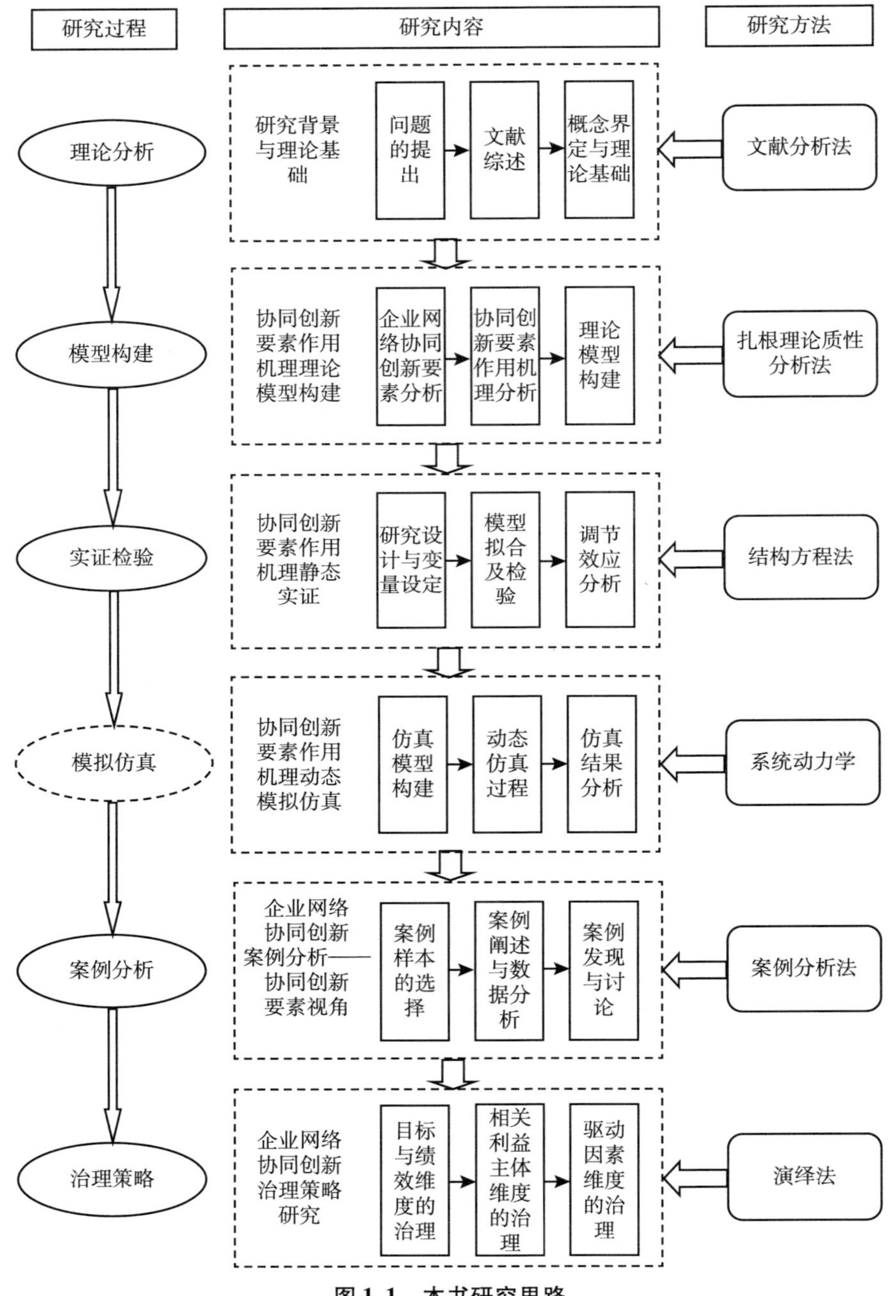
研究过程
研究内容
研究方法
理论分析
研究背景与理论基础
问题的提出
文献综述
概念界定与理论基础
文献分析法
模型构建
协同创新要素作用机理理论模型构建
企业网络协同创新要素分析
协同创新要素作用机理分析
理论模型构建
扎根理论质性分析法
实证检验
协同创新要素作用机理静态实证
研究设计与变量设定
模型拟合及检验
调节效应分析
结构方程法
模拟仿真
协同创新要素作用机理动态模拟仿真
仿真模型构建
动态仿真过程
仿真结果分析
系统动力学
案例分析
企业网络协同创新案例分析——协同创新要素视角
案例样本的选择
案例阐述与数据分析
案例发现与讨论
案例分析法
治理策略
企业网络协同创新治理策略研究
目标与绩效维度的治理
相关利益主体维度的治理
驱动因素维度的治理
演绎法

图 1.1　本书研究思路

1.5 创新点

（1）创新性地将驱力—诱因理论与协同创新理论相结合，构建了基于动因—行为—绩效范式的企业网络协同创新要素作用机理模型。此模型是在对企业网络协同创新要素进行归纳总结的基础上所形成。首先使用扎根理论质性分析法，确定了创新条件、合作能力、政策环境、机制环境、市场环境、协同创新行为、协同创新绩效共7项创新要素，其中创新条件、合作能力为内源性驱动因素，3项环境要素为外源性驱动因素，加上协同创新行为与协同创新绩效，最终构成了动因—行为—绩效作用机理模型。该模型将内外源驱动因素与行为和绩效结合进行研究，既站在系统视角看待企业网络协同创新问题，又研究系统内不同因素之间的相互作用关系，并实现了驱力—诱因理论在企业协同创新领域的应用。

（2）厘清了企业网络协同创新要素相互作用机理。本书从静态、动态和案例分析三方面准确把握企业网络协同创新要素的相互关系及其动态影响。其中静态分析主要使用结构方程方法，对创新主体、创新环境、协同创新行为、协同创新绩效这7项企业网络协同创新要素之间的逻辑关系进行实证分析；动态分析主要使用系统动力学方法，探讨前5项因素的变化对协同创新行为、协同创新绩效的影响情况；案例分析使用单案例纵向分析法，从3个阶段分析5项内外源驱动因素的变化对协同创新行为、协同创新绩效的影响情况。通过静态、动态与案例分析，甄别并捕获提升企业网络协同创新绩效的可行路径，为企业网络协同创新实践中协同创新要素协同作用的充分发挥提供了理论依据。

（3）设计了企业网络协同创新治理策略体系。依据企业网络协同创新要素作用机理分析结果，设计了包括目标与绩效、相关利益主体与驱动因素的三维度治理策略体系，在这个治理体系中，目标与绩效是治理的出发点和落脚点，协同创新的利益相关者是能够发挥主观能动性的治理主体，驱动因素是在治理主体关注目标实现绩效的战略导向下必须满足的条件或路径因素。这三个维度可以通过4个步骤实现有机循环，使企业网络协同创新治理体系持续发挥作用。该研究丰富了企业网络协同创新治理的内容。

1.6 本章小结

本章是绪论，对本书选题的依据和意义做了阐述，通过文献综述说明了本书选题的学术价值，并介绍了全文的主要内容、研究方法和研究思路、创新点等。

企业协同创新网络是企业创新的主要载体。依托于企业网络的企业协同创新不但可为其领域内运作的企业带来竞争优势，还对所在地区的经济发展具有重要的促进作用。但当前许多企业对企业网络协同创新的认识不足，尤其是如何调动企业内外源驱动因素，使之对协同创新行为和协同创新绩效产生影响的机理研究不足，大大影响了合作深度与效果，这也是本书选题的目标与意义所在。

本书对协同创新网络的内涵与模式、企业网络协同创新影响因素、企业网络协同创新作用机理、企业协同创新网络治理策略几方面的相关文献进行了综述，指出了现有研究中的不足，提出了进一步研究的方向；本书的研究内容主要包括企业网络协同创新要素机理分析与理论模型构建、企业网络协同创新要素作用机理静态实证、企业网络协同创新要素作用机理动态模拟仿真、企业网络协同创新案例分析和企业网络协同创新治理策略研究五部分；本书使用的研究方法是文献分析与归纳演绎法、调查研究法、扎根理论质性分析法、统计分析方法、结构方程分析法、系统动力学法和案例分析法；本书按照理论分析、模型构建、静态实证、动态仿真、案例分析和治理策略的思路展开研究；创新点包括：构建了以动因—行为—绩效为结构的企业网络协同创新要素作用机理模型，厘清了企业网络协同创新要素作用机理，设计了三维度的治理策略体系。

第 2 章

相关概念界定及理论基础

2.1 相关概念界定

2.1.1 企业协同创新网络与企业网络协同创新

本书使用的协同创新概念的理论基础来源于以安索夫（Ansof）和哈肯（Haken）为代表的“协同”理念与熊彼特（Schumpeter）提出的“创新”理念融合而成的协同创新理论，由创新主体以协同创新活动为链接所形成的组织模式即协同创新网络，以企业作为协同创新的核心主体，即称为企业协同创新网络。

借鉴已有研究成果对协同创新网络的认识，本书将企业协同创新网络定义为：企业协同创新网络是指以企业作为协同创新的主导和主要载体，以高校、科研机构、政府、社会服务机构、供应商、客户等主体作为企业创新的合作伙伴，多方主体间开展深入合作创新和资源整合，经过非线性的运行方式，形成多重效应叠加，实现知识创造、技术突破、管理创新的一种创新组织模式。在这个网络中，各方主体通过正式和非正式的协同创新关系联系在一起，以获得技术进步、提高市场竞争力、提升创新绩效为协同目标，科研机构为企业提供原始的创新支持，制度创新为网络顺利运行提供组织保障，在组织与运行方面体现的特点包括多方主体的创新共赢、知识共享、技术转型、资源优化配置、协同行动高效等，其中，非线性溢价效应是创新主体间知识协同和组织协同结果的主要表现。它是在多个行为主体共同作用下的非线性的复杂系统，包含了组织、知识、信息、管理等多种创新要素，形成了多层次、多主体、网络化与系统化的复杂结构（方炜和王莉丽，2018）。

本书各章节中多次提到“企业网络协同创新”，其中所讲的“企业网络”与刚刚界定的“企业协同创新网络”内涵一致，主要是为避免出现“企业协同创新网络协同创新”语义重复问题而进行了简化。但“企业协同创新网络”和“企业网络协同创新”的含义却不同，前者是指是由多个创新主体所组成的创新系统，是名词含义，而后者则是指在此创新系统中由于各主体相互协作而形成的创新活动与行为过程，包含有动词含义。本书的研究重点在于企业网络协同创新要素的作用机理研究，因此企业网络是协同创新的主体，协同创新行为是过程，协同创新绩效则是目标。另外，本书所研究的企业网络协同创新不是指多个企业网络间的协同创新，而是指企业协同创新网络内各创新主体间的协同创新，这种协同创新比传统跨组织合作更具优势，网络中的企业通过有效沟通各方关系，在协同创新活动中担当适当角色，充分发挥能动作用，最终促进协同创新活动的顺利实施，提升协同创新绩效。

2.1.2 协同创新行为

行为的基本释义是举止行动，即受外在刺激因素与需求动机影响下的主体的外在活动。本书以协同创新行为作为研究要素之一，也脱离不开“行为”的基本内涵，但将行为的范围限定为协同创新这个领域内，并且不是单个主体的行为而是多主体的协同行为。塞拉诺（Serrano，2007）认为协同行为是行动者之间的一种默契行为，在协同过程中，知识、资源、信息等获得融合，可以提升市场竞争力，打破主体单独行为受到的特定局限。在协同环境中，组织通过共享资源、传递知识和信息、相互协作交流等活动来推动协同行为的进行（Ystrom et al.，2020）。

创新的内涵与过去的固有定义相比也已经发生了很大变化。今天的创新由于其复杂性、资源受限性等原因，已不再是个人或某些单一主体在实验室里或小范围内的个体活动，它可能是多学科知识共同作用的结果。因此许多大型创新单纯依靠单一组织的力量已经无法完成，需要与其他组织的协同。可以说，当今的创新是更大范围内的，是复杂的，更是协同的。协同创新这个概念更加突出了“协同”的意义，指明了创新发展的新方向。彼得（Peter，2006）认为协同创新是由开放式创新理念所引导的，由一群具有创新思维意向的科研人员通过共享信息、协作沟通而形成的开放式新型协作模式。

综合协同、创新与行为的内涵，借鉴现有研究成果，本书将“协同创新行为”定义为：协同创新行为是创新主体间以创新为目标的协同活动，通过充分发挥各类创新要素的作用，提高协同创新的强度与质量，产生单一创新主体无法实现的创新绩效。

2.1.3　企业网络治理与企业网络协同创新治理

国内外学术界对企业网络治理的研究比较丰富，国外学者琼斯等（Jones et al.，1997）将企业网络治理定义为一个有选择的、持久的和结构化的自治企业（包括非营利组织）的集合，这些企业以暗含或开放契约为基础从事生产与服务，以适应多变的环境，协调和维护交易。布赖森等（Bryson et al.，2010）认为企业网络治理是在单个企业无法独自完成各自使命的情况下，如何设计有效的制度。国内学者李维安（2002）认为企业网络治理有两条线路：利用网络进行公司治理（网络作为公司治理的工具）和对网络组织进行治理（企业网络成为治理行为的对象）。孙国强（2003）则认为企业网络治理是以治理目标为导向、治理结构为框架、治理机制为核心、治理模式为路径、治理绩效为结果的复杂运作系统的治理。

从前人的研究成果来看，企业网络治理是以企业网络为对象的治理，是综合考虑治理目标、治理结构、治理机制等多种问题的复杂系统治理。本书的研究对象是企业协同创新网络，即以协同创新为目的形成的企业网络，在此基础上，本书将企业网络协同创新治理定义为：企业网络协同创新治理是企业网络协同创新主体以协同创新为手段，通过恰当的协作模式和有效的协作机制，充分发挥协同创新各要素的协同作用，从而激发创新主体的创新活力，提高协同创新行为质量，最终提升协同创新绩效的治理过程。

2.2 理论基础

2.2.1 协同创新理论

“创新”的概念由熊彼特于20世纪初首次提出。安索夫首次提出“协同”概念，学术界不断进行深入研究，于20世纪70年代形成了以哈肯为代表的协同理论，该理论认为，生活中存在着许多系统，如自然系统、经济系统等，并且各种系统不尽相同，而这些大型复杂系统之下又有着许多小型子系统。但它们在某些方面却有着内在的相似性，遵循共同的规律。协同论所研究的主要问题是，对于一个开放的系统而言如何从原始的无序状态发展到有序的状态，或者从一个有序的状态演化到另一种有序的状态。在无序状态时，构成系统的所有的子系统之间不存在合作关系，无法形成合力特质。但是，如果系统内部各个子系统按照一定的规则形成相互之间的合作关系，进行联合行动，就会促使系统整体的变化，使系统中各子系统或要素实现“1+1>2”的效果，实现系统效率的提高（Yuan，2019）。哈肯认为，协同系统内部存在多个序参量，各个序参量之间都有着相互作用如竞争、合作等。当系统处于混沌状态时，各子系统独立运动，各行其是，不存在合作关系，不能形成序参量，这时很容易引起系统的崩溃。而当系统运行接近临界点时，子系统间产生关联，形成协同关系，促使序参量形成。这种序参量能使系统具有自组织功能，对系统演化而涨落起到催化和诱导的作用，使系统从无序变成有序状态，产生协同效应。所以，协同效应是指使各子系统之间能够按照某种规则自动形成一定的结构或功能，具有内在性和自生性特点的一种子系统的相互作用（颜永才，2013）。

事实上，竞争是协同产生的基础和关键要素，也是系统保持活力的基础。系统内的各子系统在资源有限的情况下，必然会存在竞争，也导致各子系统之间的差异性存在。在这种状态下，想要产生协同效应，就必须在不断的竞争和演化中进行自组织运动，从而达到一定程度的协调与均衡（Park et al.，2018）。而这种均衡也还是一种动态的均衡，仍旧在进行竞争与演化，推动系统达到更高层次的有序状态。

到 20 世纪八九十年代，协同理论应用到技术创新领域，并对微观层面下企业内各创新要素的协同进行深入研究，使得协同学和创新理念达到了有效融合，形成了“协同创新”的概念（Peter，2006）。它是基于开放式创新理论，由一群具有共享信息和创新思路意向的科研人员组成协作网络而进行的共同创新过程，是创新模式从封闭转向开放的新型协作模式。

协同创新可以使拥有优势资源的各方参与主体通过与其他伙伴的合作，发挥自身优势，对资源、信息、技术等进行整合，使得创新参与主体的技术、管理、运营等水平得以提高，进而提升协同参与者的创新绩效，实现跨领域、跨主体的创新目标。只有参与创新的各方在资源、管理、制度等全面的协调才能实现协同创新的顺利进行（王海军等，2020）。协同创新一方面有助于获取创新资源，提高资源利用率，另一方面可以提升合作各方的实力，促进其发展。在经营管理领域中，协同创新可以帮助合作企业间形成优势互补、提升产品质量和服务水平、使资金和时间损耗得以降低，进而有效降低协同创新风险，提升市场适应能力和市场竞争力。由此可见，协同创新不仅对参与协同创新的单个主体有利，还关系到协同创新网络整体实力的提升，因此具有较高的战略性价值（王博，2019）。协同创新已经成为国家发展科学技术的战略手段，是科技创新的新途径（陈劲等，2012）。

随着对协同创新研究的深入，创新从单纯的基础理论研究转移到基于复杂环境和系统条件的研究。最初是基于微观层面的以企业为主体的研究，进入 21 世纪后，协同创新研究逐步向中观和宏观方向发展，向整个行业或产业的协同创新网络发展。此时强调产业链协同，主要形式是产业集群协同创新（解学梅和曾赛星，2009）。之后协同创新突破以企业为主体的界限，向高校、研究机构、社会服务机构、政府机构等多主体协同的方向发展（高霞，2014）。首先形成的协同创新网络模式是产学研合作创新的“三螺旋”模式，之后又发展到政府、中介、金融等机构主体支持下的多主体协同创新网络模式（温芳芳，2014），出现了区域政府、大学、产业、公民社会组成的“四螺旋”网协同创新网络模式（武学超和罗志敏，2020）以及政府、企业、科研机构、用户、自然“五重螺旋”协同创新网络模式（刘畅和李建华，2019）。

协同创新网络区别于一般网络的特征表现为：第一，网络成员众多，具有共同创新的需求，通过特定的方式相结合，形成具有一定联系的协作系统；第二，信息流动成为协同创新网络间各主体紧密联系的重要保障；第三，协同创新网络各主体，例如企业、中介机构以及高校和研究所，联系紧密，通过技术、信息、知识、管理等多种方式进行广泛的交流和协作（黄昊等，2020）。协同创新网络有助于创新网络中的主体提高协同创新能力、共同抵御竞争环境、保持和获得竞争优势的一种新型组织形式。

2.2.2 网络组织理论

企业协同创新网络以网络合作组织的形式运作，企业与其他组织之间是一种合作关系，协同创新网络传承了网络组织模式，合作与网络组织便成为企业协同创新网络研究的理论基础。

合作是指通过共享思想、知识和机会跨越公司边界进行创新（Asseraf et al.，2007）。在风险共担、利益共享的前提下（潘健平，2019），与其他企业建立合作为参与者之间的专业知识转移、优势资源整合和组织学习提供了可能性（Heil，2018），降低了交易成本，实现了互惠互利（Baldwin & Hippel，2011），使企业在合作分工中获益，从而提升创新绩效和市场竞争力。

网络组织理论也是企业协同创新网络研究的理论基础。网络组织是由两个以上相互独立但又相互关联的活性结点构成，基于一定的目的，依据专业化分工与协作，以各种复杂多样的经济连接和社会连接建立起来的一种稳定的、持久的合作组织模式（孙国强，2016）。企业协同创新网络具有网络组织的一些特性：首先，由相互独立的、具有自主决策能力的个人、部门、企业、协会、政府机构等活性结点所构成。是组织之间以“互相依赖”为纽带紧密连接在一起，以满足大规模生产需要的一种组织形式，强调网络成员之间的依赖关系。其次，具有目标导向性。组织成员都是本着某种目的加入网络组织的，有些是为了资源共享、风险共担，有些是为了提高创新能力，有些是为了优势互补，有些甚至是为了提高声誉和知名度。这些结点在目标利益的驱使下相互作用，对自身和网络均产生了积极的影响。再次，进行专业化分工与协作。网络中的各成员各自从事与其能力相适应的分工活动，各司其职，它们为了提高生产效率而相互协调、分工协作（Richardson et al.，2012）。最后，通过正式或非正式契约或产权进行联结。网络组织成员或者通过契约方式来协同创新活动，或者以产权管理为主进行控制。

特里西亚（Theresia，2005）指出，在网络组织中，企业不仅悬挂于多重的、复杂的、重叠的关系网中，而且网络可以表现为不同于单个企业的无形的结构模式。乌兹（Uzzi，1997）利用结构嵌入理论定性地分析了网络结构与绩效之间的关系，认为嵌入程度与绩效之间呈倒U型关系。现有网络组织形式复杂多样，包括企业集群、战略联盟、供应链网络、分包网络等。网络组织的功能包括创新支持、节约成本与费用、实现规模经济、促进专业化发展、资源共享与优势互补、加快市场反应速度等（孙国强，2016）。

综上所述，合作理论与网络组织理论是研究企业协同创新网络的基础，企业与其他创新主体为实现信息传递、知识交流、沟通与决策等方面的创新目标而建立合作关系，构成一个协作组织，进而形成一个复杂的网络系统，实现绩效最优（李小妹和包凤耐，2017）。

2.2.3 行动者网络理论

行动者网络理论（Actor – Network Theory）起源于20世纪80年代中期，代表人物是法国的社会学家卡龙（Callon）和拉图尔（Latour），其后形成一门对科学知识进行系统分析和社会建构的理论。这里的“行动者”可以指人，也可以指观念、技术、生物、组织、思想等非人的存在和力量。在行动者网络理论中，包含行动者主体“actor”或“agent”，它不仅代表人，也可能是其他任何事物。它可以代表个体，也可以代表群体，可以是人也可以是非人，因此没有任何对它们的特性的假设。这些没有特定限制的行动者就构成了“行动者网络”，这种网络最基础的构成要素即由行动者形成的结点，再把这些结点连接起来形成通路，多个通路相连接则形成了复杂的连接网络。此网络中，行动者具有能动性与广泛性。由于行动者时时刻刻都在发生作用，整个系统网络的运转是呈现动态的，因此要评估行动者的地位和作用，每次都需要重新解释说明“行动者”是什么。

行动者网络理论的主要特点在于对于非人因素的认识，它解决了“人”与“非人”二者的对立局面。不论是在自然界，还是在社会科学界，人类活动的成果都离不开由各种具有不同特性的行动者所构成的网络。这个网络中，参与者平等，实现了去中心化，主—客体之间也不存在对立关系，大家都是行动者，也都是具有平等权利的个体。参与者之间相互影响又相互依存，它们在认同、接受的基础上相互作用。其中一些非人的行动者，他们获得主体资格、地位和权利的方式是通过具备相应资格的“代言人”（agent）来进行的，进而形成具有协同关系、相互影响的行动者网络（Latour，2005）。

从行动者网络理论角度来看企业协同创新网络，可将核心企业内部有助于实现创新的因素定义为内部行动者，比如生产设备、组织文化、运营能力等，将核心企业外部有助于实现创新的因素定义为外部行动者，这些外部行动者可以是各类创新主体如客户、高校、政府等，也可以是创新政策、创新机制、市场规范等非人类的因素。企业协同创新网络的整个演化过程可以包含两个方面，一方面是参与创新的各方行动者相互影响与共同发展的过程，另一方面则是核心创新者不断调整参与目标与相应行为的过程（刘锦英，2014）。从另一个角度来讲，企业协同创新网络的参与者对外部支持的需求实际就是对外部行动者的需求与协作。当然，外部行为者的获得过程是核心企业自身根据需要进行搜索与选择的过程，选择的对象不同，对协同创新的成本、质量、绩效等的影响必然不同。因此，企业协同创新网络主体必须根据自身特点与需要，选择更具有互补性和互惠性的外部资源，从而形成协同共赢的网络组织。

2.2.4 驱力—诱因理论

20 世纪 20 年代伍德沃思（Woodworth）提出了驱力的概念。驱力是指由机体的生理需要所唤起的一种紧张状态，它能激发个体采取行动，恢复体内平衡。该理论主要代表人赫尔（Hull）认为，驱力是动机结构，它能为机体的行为提供动力，促使有机体采取行动，以消除需要唤起的紧张状态。当紧张状态得以降低或消除后，驱力的动机作用也随之减少。

20 世纪 50 年代以后，许多心理学家认为，不能用驱力降低的动机理论来解释所有的行为，外部刺激（诱因）在唤起行为时也起到重要的作用，应该用刺激和有机体的特定的生理状态之间的相互作用来说明动机。诱因理论强调了外部刺激引起动机的重要作用，认为诱因能够唤起行为并指导行为。主要包括理性决策论、交换理论和需求满足论。

理性决策论的主要观点是：人类在进行行为决策之前，会预先估计相应行为的结果及其风险，从而以十分理智的态度选出最佳决策，也就是以最小的付出获得最大利益。此理论常被用来对不同经济主体进行经济抉择时进行指导；将这种理论决策扩展到不同主体之间的互动时，便是交换论。这一理论将人与人之间的互动关系视为可以进行理性选择的一系列决策，强调利益、风险和代价，在分析协商情境时很有价值；需求满足论也是诱因论的一种，该理论认为每个人都有某种获得某种需求的潜在动机，最终能否产生行为，在于其需求或动机能否得到满足。

以上三种诱因理论都说明了决策主体在进行多方案选择时，通过自身所能获取的利益或减少的损失来进行决策。“当时”情境是诱因理论关注的重点，它不是强调过去已经形成的习惯，而是强调当下的利益或损失。因而其行为的动因在于决策主体的当前状态或所处环境，它既关注个体的内在需求，又关注外部环境。

2.2.5　协同演化理论

协同演化概念最早出现于 1964 年，提出者为埃利希（Ehrlich）和雷文（Raven）。20 世纪 80 年代，诺加尔德（Norgaard）将其应用于社会经济领域，认为协同演化同时包含协同与演化两种关系，既相互影响又不断演化，是知识、组织、技术、环境等子系统之间的长期反馈与进化，是一种建立在共生、共栖和竞争等关系之上的多物种通过长期不断的交织、适应、变化等演化过程中形成的变化轨迹（Jouhtio，2006）。

协同演化特征主要有：第一，多维因果关系。可以是两个互动者之间，也可以是多个互动者之间产生因果关系，更多地表现为多维因果关系。第二，多层次嵌入性。协同演化不只是在一个层级中演化发展，还可能发生多个层次中，也有可能在层级之间发生。因而协同演化是一种跨界形态的演化，可以是系统内部因素的协同，也可以是与微观主体与外部环境的协同演化，而且演化过程是多环节嵌套发展的（郑春勇，2011）。第三，非线性。协同演化系统存在多种变量因素，他们之间存在着非常复杂的因果关系，因而不能被简单看作是线性关系。第四，协同演化的重要特征之一是反馈。反馈包括正负两个方向的反馈，正反馈产生增强效应，不断增强各类因素对系统的影响作用，可能形成路径依赖。但不断的增强亦使系统变得不稳定，可能无法达到均衡状态。负反馈产生均衡效应，可能使系统在不断应对问题的过程中达成均衡。

诺加尔德（Norgaard）之后，学者们纷纷研究协同演化理论的应用性问题，在生产与消费、行为与制度、生态与经济等方面有丰富的研究成果。主要包含三项内容：一是对组织与环境问题的协同演化研究，二是个体与制度问题的协同演化研究，三是对技术与制度问题的协同演化研究。每项内容均是研究二者之间的关系，对于组织来说，不能忽视环境的作用，对于个体和技术来说，则不能忽视制度的作用，二者是相辅相成、协同作用的。协同演化还必须要将视野放在更广阔的社会环境中，考虑演化过程中的逻辑关系与逻辑顺序（Porter，2006），通过对纵向时间序列的分析，兼顾协同演化的组织复杂性、路径依赖性、嵌入性等特征（Volberda & Lewin，2003），根据不同组织特点和管理者差异性进行系统研究。组织与环境的协同演化过程应当设置适当的治理机制，包括互动机制、学习机制、变异与选择机制等（Suhomlinova，2006），技术转化为市场产品则需具备一定的技术条件（Nygaard，2008），个体受制度约束，但同时推动制度的动态演化与发展。

协同演化理论是集复杂系统理论、演化理论、突变理论等多种理论精华为一体的理论。它突破了长期以来单向因果关系思维模式，使得双向或多向因果思维、非线性关系研究得以发展。它整合多种理论，取其精华，在众多社会科学领域中都具有有分量的解释能力。它突破了传统的个体主义方法论局限，丰富了学术研究的分析工具，使得社会科学研究既见树木又见森林，对推动社会科学研究的发展具有重要意义。

2.3 本章小结

本章第 1 节对企业协同创新网络、协同创新行为、企业网络协同创新治理等概念的内涵做了界定。第 2 节主要阐述了协同创新理论、网络组织理论、行动者网络理论、驱力—诱因理论与协同演化理论，这些理论均是本书写作的基础。

本书将企业协同创新网络定义为：以企业作为协同创新的主导和主要载体，与高校、科研机构、政府等多方主体开展深入合作创新和资源整合，实现知识创造、技术突破、管理创新的一种创新组织模式；“企业网络协同创新”中的“企业网络”与“企业协同创新网络”内涵一致；企业网络协同创新不是指多个企业网络间的协同创新，而是指企业协同创新网络内各创新主体间的协同创新；本书认为协同创新行为综合协同、创新与行为的内涵，是创新主体间以创新为目标的协同活动，通过充分发挥各类创新要素的作用，提高协同创新的强度与质量，产生单一创新主体无法实现的创新绩效；企业网络治理是以企业网络为对象的治理，是综合考虑治理目标、治理结构、治理机制等多种问题的复杂系统治理，而企业网络协同创新治理是企业网络协同创新主体以协同创新为手段，通过恰当的协作模式和有效的协作机制，充分发挥协同创新各要素的协同作用，从而激发创新主体的创新活力，提高协同创新行为质量，最终提升协同创新绩效的治理过程。

协同创新理论是以哈肯为代表的协同理论应用到技术创新领域的结果，从最初的以企业为主形成的网络向以行业或产业为主的协同创新网络发展，形成了“五重螺旋”协同创新网络模式，是具有紧密联系的协作系统，通过信息流动、深入协作等方式帮助创新主体获得竞争优势；网络组织理论的理论基础是合作与网络组织，是企业与其他创新主体为达到某些创新目标而建立合作关系所构成的一个协作组织，其功能包括创新支持、节约成本与费用、加快市场反应速度等；行动者网络理论主要描述了由行动者所构成的网络的动态运转过程，在协同创新网络中，主要考察协同创新要素的协同作用过程；驱力—诱因理论阐述了激发个体行动的内部驱力和唤起行为时的外部诱因的主要作用关系，强调行为起因不应只关心个人内在状态，还要关注外部环境；协同演化理论整合了多种理论，同时关注协同与演化两种关系，在互动者之间形成多维非线性因果关系，具有多层次嵌入性，能够形成反馈效应，促进了社会科学研究的发展。

第 3 章

企业网络协同创新要素作用机理分析与理论模型构建

本章以协同创新理论、驱力—诱因理论为基础，进行企业网络协同创新要素的提取与理论模型构建。要素提取的方法使用扎根理论质性分析法，通过对文献、报道、访谈等渠道收集的资料进行归纳总结，再分析提取后的企业网络协同创新要素之间的逻辑关系，之后进行研究假设，构建企业网络协同创新理论模型。

3.1 企业网络协同创新要素分析

3.1.1 分析方法与分析思路

本节使用扎根理论质性分析方法进行企业网络协同创新要素的分析。采用此分析方法的理由是：其一，虽然笔者在第 1 章国内外文献综述中已对企业网络协同创新影响因素做了总结，但企业网络协同创新影响因素并不等同于企业网络协同创新要素，前者只是后者的一部分，因而内容并不完整；其二，来源于文献的理论总结是否与实践相一致也需经过验证，而使用访谈、问卷与文献分析相结合的扎根理论质性分析方法可以实现将理论分析与实践检验相结合的目标。

多数研究认为，扎根理论分析必须是一手访谈资料，但也有学者认为丰富有效的二手资料可以作为研究样本进行研究（苏敬勤和刘静，2013），如苏郁锋等（2017）就利用二手数据探讨了制度视角下的创业过程问题。本书认为，来源于“田野调查”的传统扎根研究范式和来源于二手数据（包括科学文献）的新的扎根研究范式，二者的区别在于将扎根理论的“根”扎于何处的问题。但不论是哪种范式，在提供数据的完整性上均有所欠缺，即将理论数据与实践数据进行了分离，不利于二者的有机结合。因此，本书采用第三种扎根研究范式，即将通过访谈与问卷获得的一手资料和通过文献等二手资料相结合进行扎根理论质性分析的研究范式。

本书进行扎根质性研究的基本思路是：结合访谈调研与现有文献等资料，使用适当的测度方法，使关键构念从来源数据中涌现出来，最终构建企业网络协同创新要素理论模型。步骤是：①选择样本企业，通过访谈与问卷的方式获取数据；②反复熟悉访谈资料和录音，对收集到的数据进行场景提炼，对被访者的资料进行数据编码；③认真阅读相关文献，寻找理论支撑，以确保较准确地理解企业协同创新行为的驱动机制与脉络，提升对各种资料的真伪辨识能力（彭伟等，2018），并将文献信息补充进数据编码中，同时对缺乏的资料进行再次访谈补充；④剔除掉一些以常识、基本理论判断明显错误或矛盾的编码，或删去同一被访者或文献中自相矛盾的条目；⑤编码过程经过反复验证，并使用内部资料和公开信息进行多渠道三角验证，以确保编码信息准确无误（孙永磊等，2018）；⑥对最终提取与总结的关键要素及其关系进行分析，得出分析结论。分析过程如图 3.1 所示。

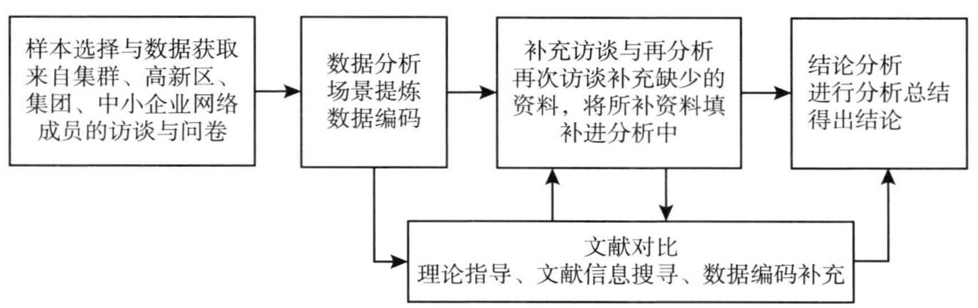

图 3.1　企业网络协同创新要素质性分析思路

3.1.2 资料收集

1. 研究数据的来源

本书的研究数据来源于4个渠道：①对集群企业、集团企业、高新区企业的半结构化访谈调研；②对国内外科学文献的整理分析；③企业内部资料，包括企业相关管理文件、产品的宣传册等；④媒体报道，包括报纸、网络等渠道的权威媒体报道等。在本研究中，前两个渠道作为扎根理论质性分析的基础，后两个渠道作为三角验证资料。企业访谈提纲见附表1，具体数据来源见表3.1。

表3.1 研究数据的来源

数据来源	数据分类
实地访谈调研	2016.9，2016.11，2017.5，太原高新区调研
	2017.7，太谷玛钢集群调研
	2018.8，2019.5，2020.4 长治高科华烨集团调研
	2018.9，太钢不锈集团调研
	2019.10，浙江义乌小商品市场调研
	2020.9，山西宏源集团企业家访谈
	2021.12，石家庄鸿锐集团调研
文献资料	国内 CSSCI、CSCD 期刊文献、博士论文、书籍
	国外 SSCI 期刊文献、博士论文、书籍
内部资料	企业文档、制度等内部资料
公开信息	行业资料及新闻报道、宣传资料、评论文章等

2. 文献资料收集情况

对中国知网“企业网络”“协同创新”进行搜索，期刊文献限定为CSSCI和CSCD，学位论文限定为博士，共搜索到文献438篇，去掉不符合要求的文献，剩余312篇。对Web of Science数据库“collaborative innovation" "synergy innovation" "synergistic innovation" 进行搜索，共搜索到文献 298 篇，去掉不符合要求的文献，剩余 253 篇。

3.1.3 质性分析过程

本书对表 3.1 中调研资料和文献资料进行数据编码分析，从出提取出与企业网络协同创新有关的要素，为企业网络协同创新机理分析提供理论依据。编码过程如表 3.2、表 3.3 所示。

表 3.2 企业网络协同创新范畴提取

编号	初始概念	范畴
1	专业技术人才、科技人才、人员配备、专家储备、创新性人才引进、人才聚集	人力资源
2	经费投入、资金投入、提供补贴、社会资金	财力资源
3	创新性技术、专业技术引进	技术资源
4	信息资源、创新信息、外部信息	信息资源
5	基础设施、设备投入、公共实验室、公共图书馆	硬件基础设施
6	服务培训、协同工具软件、协同应用软件、科研数据信息资源	软件基础设施
7	创新平台、合作平台、"类平台" 模式、基地建设	创新平台
8	集群成员规模、合作规模、创新成员数量	网络规模
9	固定关系、对新成员的吸引力、新成员进入	网络开放性
10	网络内行业数量、行业领先公司、上下游合作伙伴、技术能力差异	网络异质性
11	沟通协作机制、成果分配机制、惩治机制、协同创新模式、合作氛围	协同共赢机制
12	制定愿景、未来前景、战略目标、企业家战略能力	战略管控能力
13	建立实质性创新合作关系、充分利用社会创新资源、	合作吸引能力
14	寻找合作、关系稳定、谈判能力、维持关系	关系能力
15	获取外部知识学习、外部学习、知识共享	知识获取能力
16	吸收新技术、吸收新知识	知识吸收能力
17	新知识的转化、新技术转化、技术商业化	知识转化能力
18	配置科研投入资源、合作管理	合作管理水平

续表

编号	初始概念	范畴
19	互动能力、协作共赢、交流沟通水平	协作互动能力
20	各类相关政策、制度缺失、政策中存在问题	政策完善度
21	鼓励创新政策、鼓励合作政策、政策支持技术创新与应用	政策支持度
22	办事效率、流程、工作效率、执行力	政策执行效率
23	便利公众查询、及时公布、对外公布	政策透明度
24	产业分类范围明确、产业链分工、专业化分工	产业专业化
25	风险投资资金、风险投资管理、风险投资运行、投资环境	风险投资机制
26	公共设施建设、社会管理、经济公共服务、基本社会保障	公共服务机制
27	创新氛围、创新意愿、创新精神、创新价值观、伦理规范	创新文化机制
28	行业标准、规则制定、行业规范	行业规范性
29	市场选择、市场效应、市场的力量	市场培育机制
30	市场对创新产品的认可态度、市场对创新产品的需求程度、试用新产品、需求意愿	创新产品需求
31	合作频率、凝聚力指数	协作紧密度
32	核心技术交流、相互依赖	协作深入度
33	协作变化、稳定程度、关系模式成型	协作稳定度
34	信任关系牢固、减少投机行为	协作牢固度
35	新产品研发、新产品销售、新产品收入	新产品水平
36	制造成本、管理费用、销售费用、生产费用	生产成本
37	申请专利、专利数量、专利权、知识产权	专利水平
38	竞争优势、竞争实力、市场地位、市场占有率	市场竞争力

表 3.3　企业网络协同创新要素数据编码

编号	范畴	副范畴	主范畴
1	人力资源、财力资源、技术资源、信息资源	创新资源	创新条件
2	硬件基础设施、软件基础设施	基础设施	
3	创新平台	创新平台	
4	网络规模、协作网络开放性、协作网络异质性	网络成员特性	
5	协同共赢机制	协同机制	

续表

编号	范畴	副范畴	主范畴
6	战略管控能力	战略管控能力	合作能力
7	合作吸引能力	合作吸引能力	
8	关系能力	关系能力	
9	知识获取能力、知识吸收能力、知识转化能力	知识能力	
10	合作管理水平、协作互动能力	协作互动能力	
11	政策完善度、政策支持度	政策制定	政策环境
12	政策执行效率、政策透明度	政策实施	
13	产业专业化	分工机制	机制环境
14	风险投资机制、公共服务机制	服务机制	
15	创新文化机制	文化机制	
16	行业规范性、市场培育机制	市场规范	市场环境
17	创新产品需求	消费需求	
18	协作紧密度、协作深入度	协作强度	协同创新行为
19	协作稳定度、协作牢固度	协作质量	
20	专利水平、市场竞争力	过程绩效	协同创新绩效
21	新产品水平、生产成本	结果绩效	

1. 编码过程

第一，提炼初始概念，排除矛盾的、出现频次少于 3 次的初始概念，最后获得有效资料样本 175 份。其中，实地访谈资料 46 份、文献资料 75 份，其他资料 54 份。其次，对各类资料进行分析并贴标签。通过比较与分析，从样本中抽象出 128 个概念和 38 个范畴（见表 3.2）。

第二，进一步对范畴进行分析，按照这些范畴存在的因果关系和逻辑进行进一步归类形成 21 个大类关系副范畴（见表 3.3）。

第三，主范畴分析。对 21 类关系副范畴进行分析，归纳提炼出 7 大主范畴（见表 3.3），具体包括：①创新条件。包括创新资源、基础设施、创新平台、网络成员特性、协同机制。②合作能力。包括战略管控能力、合作吸引能力、关系能力、知识能力、合作互动能力。③政策环境。包括政策制定环境与政策实施环境。④机制环境。包括分工机制、服务机制与文化机制。⑤市场环境。包括市场规范与消费需求。⑥协同创新行为。包括协作强度、协作质量。⑦协同创新绩效。包括过程绩效与结果绩效。

第四，选择性编码。对资料、128 个概念、38 个副范畴与 7 个主范畴以及主副范畴之间的关系进行反复研究和比较，最终用“企业网络协同创新要素”这一核心范畴来统领 7 大主体范畴。要素构成框架见图 3. 2。

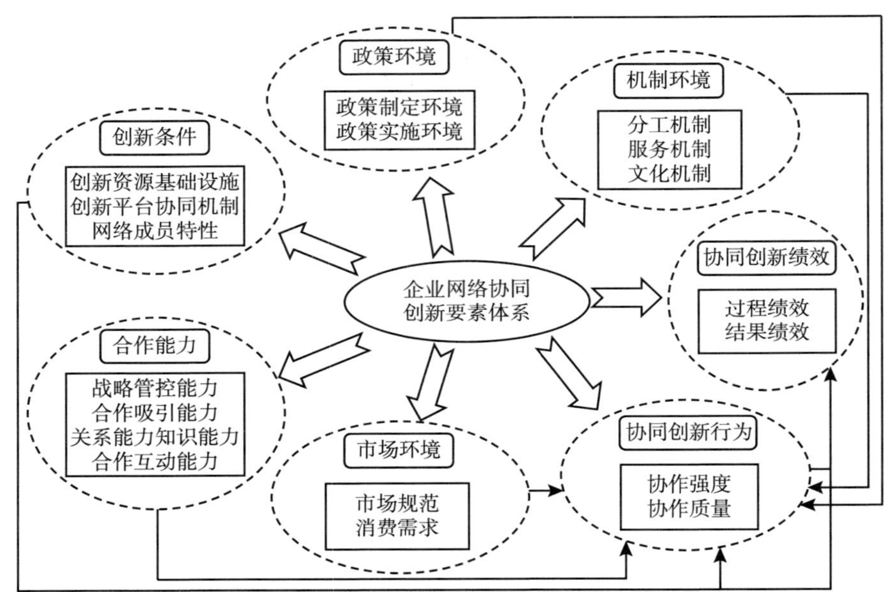

图 3. 2　企业网络协同创新要素体系框架

2. 企业网络协同创新要素描述

本研究结合访谈调研与现有文献，使用扎根理论质性分析方法，使关键构念从来源数据中涌现出来。具体而言，本书所涉及的关键构念包括：创新条件、合作能力、创新环境、协同创新行为、协同创新绩效，描述如下：

（1）创新条件。一个企业要想创新就必须具备一定的前提条件，如创新资源、设施、创新平台建设、创新网络特征等，这些条件对企业协同创新行为具有非常重要的影响。创新资源对协同创新的作用研究体现在人、财、物、信息的有机流动和配置上，创新资源质量是促进创新的重要条件

（Isaksen，2004），它们是创新活动的物质保障；基础设施体现在创新的软硬件设施建设上，它们是创新活动的基础保障；创新平台、基地、科研创新团队建设情况也是重要条件（解学梅等，2015），它们是协同创新的组织保障；网络成员特性主要体现在网络规模、协作网络的开放性程度和协作网络异质性上，它们是创新活动的动力保障；良好的协同共赢机制对协同创新的成败尤为重要（Demirkan et al.，2012），随着协作参与度的提升，协同创新成员之间的创新氛围（陈衍泰等，2015）、沟通文化、公平分配机制、惩治机制等成为协同创新保持旺盛生命的重要因素（任宗强等，2011），它是协同创新的制度保障。

（2）合作能力。包括战略管控能力、合作吸引能力、关系能力、知识能力、合作互动能力，它们是构成合作能力的主要元素（郑胜华和池仁勇，2017）。对整个协同创新网络发展的战略预期、合作构想、合作规划即战略管控能力，可以确保协同创新向预期目标发展；合作吸引能力包括特定产品与市场、社会影响、企业家声誉等，决定了吸引合作伙伴的能力大小（Anne et al.，2011）；能够寻找到合适的合作伙伴、与伙伴的关系稳定、良好的谈判能力决定了协作成员关系能力的大小（Knudsen & Nielsen，2008），是保证创新网络成员持久协作的重要因素；协同创新的主要内容即知识的获取、吸收和转化，知识的吸收与转移是将创新成果市场化的关键，也是实现创新成果快速扩张和渐进式改进的基础；合作互动能力是保证合作关系建立后进行顺畅交流、协同互动、协作共赢的保障因素。

（3）创新环境。创新环境对企业协同创新活动有直接或间接影响的外部环境要素的总和，主要包括政策环境、市场环境、机制环境①，它们是协同创新的外部制度保障（Carlotto，2010；郭丕斌等，2011）。政策环境的营造直接影响到协同创新者的积极性，决定其产生效用的关键在于政府自身的民主、法制和效率程度，以及如何平衡好经济整体绩效与单个部门知识技术创新的关系（Rothwell & William，2007）；适合的机制环境有助于市场对创新产品的实际效果（贺团涛和曾德明，2008），包括高技术产业专业化程度、风险投资机制、公共服务机制等；市场环境对市场的要求是开放和规

① “机制环境”这个概念由作者所提出，是由 3.1.3 节扎根研究过程中所形成的 3 个副范畴：分工机制、服务机制与文化机制汇总而成。这 3 项机制受所访谈调查的企业高度关注，是企业网络协同创新的外部驱动力，但将其单独作为一项外源性驱动因素的分量又稍显不足，因而经过慎重思考后合并这 3 个概念，使用“机制环境”这一提法。

范。注重多部门协作下行业标准和规则制定、领先市场培育等工作，旨在促进市场吸收，推动来自需求侧的创新（Edler & Georghiou，2007），并且要考虑创新产品的市场需求，其创新的动力来源于市场对创新产品的需求程度（吴金希，2015）。

（4）协同创新行为。企业网络创新主体能够对外部环境的刺激作出反应，结合自身创新条件与合作能力实际，驱动协同创新战略实施，通过自身组织结构调整和发展方式转变（陈西川，2014），能动地进行协同创新，从而实现创新目标。协同创新行为主要表现为协作强度与协作质量。

（5）协同创新绩效。协同创新绩效是协同创新的结果要素，包括过程绩效与结果绩效。过程绩效是指实现最终目标过程中的控制能力以及它的实际结果，或者说，能力和表现。根据本书扎根研究结论，我们把专利水平和市场竞争力作为过程绩效，将新产品水平和生产成本作为结果绩效。

3. 企业网络协同创新要素关联关系分析

对 7 类企业网络协同创新要素进行分析，可大体分为 4 类：创新条件与合作能力归为内源性驱动因素，二者共同对企业协同创新行为与协同创新绩效产生影响；政策环境、机制环境与市场环境归为外源性驱动因素，三者与内源性驱动因素共同作用，分别对企业协同创新行为产生影响；协同创新行为是企业网络协同创新的行为表现，协同创新绩效是各类驱动因素共同作用下的结果变量。它们之间的初步关系判定如图 3. 2 箭头所示，具体作用机理分析将在下一节进行。

3. 2 企业网络协同创新要素作用机理分析

企业是独立行为的个体，其是否与其他组织进行协同创新，由一定的驱动力状况来决定。动力来自两方面，一是企业主体外部环境的外源性驱动力，二是企业协同创新网络内部产生的内源性驱动力。外驱力主要是政府的政策环境、机制环境和市场环境组成（王济武，2016），称为政策驱动、机制驱动与市场驱动；内驱力由企业协同创新网络创新条件和合作能力构成，称为条件驱动与能力驱动。根据经验事实和驱力—诱因理论的观点，内因是促使企业网络协同创新行为变化的主要驱动力，是变化的根据，而外因是变化的条件，对内因的驱动起调节作用。外源性驱动力促进了协同创新行为的哺育，而内源性驱动力则促进了协同创新行为的提升（方炜和王莉丽，2018）。企业网络协同创新的主体能够对外部环境的刺激作出反应，结合自身创新条件与合作能力实际，决定协同创新战略的实施，决定与其他成员协作的强度与质量（Granovetter，1973；陈西川，2014），能动地进行协同创新，从而提升协同创新绩效，实现协同创新目标。协同创新绩效体现为通过协同创新实现的价值增值。

3.2.1　内源性驱动因素与协同创新行为

1. 创新条件与协同创新行为

创新条件包括创新资源、创新设施、创新平台、创新网络特性、协作共赢机制等。第一，协同创新需要创新资源。在创新网络内部，合作伙伴创新资源的较多且其信誉较高时（Bustinza et al.，2019），意味着创新资源的质量和实力较强，有助于推动协同创新，实现创新突破。原因在于：其一，可靠和适用的资源可以缓解企业的资源限制（Ahuja & Lampert，2001）产生资源组合效应；其二，当资源实力强时，可以为企业节约开发创新资源的时间，比如关系资源可以节约收集信息的成本，可以准确判断是自己创新还是合作创新，是自己筹备资源还是利用外部资源；其三，资源实力强意味着与合作伙伴合作的可能性增加，通过共同开展风险和资源密集型项目（Rosenkopf & Nerkar，2001），提升联合解决问题的可靠性获得更大成功，并尽可能减少对内部惯例的冲击。根据前景理论（Tversky & Kahneman，1974）与实际情况，资源实力较弱的公司往往更愿意承担风险，付出更大努力来获取和使用外部资源（Fiegenbaum & Thomas，1988）。第二，创新设施完备情况也影响协同创新质量。创新基础设施主要由道路、通信、水电等基础设施和公共实验室、公共图书馆、科研数据信息资源等研发型基础设施组成，主要作用是为各创新主体从事创新活动的联系和沟通提供便利条件（Aslesen，2018）。显然，创新设施完备可增加协同创新的便利性，为协同创新创造条件；第三，创新平台是协同创新的基础。创新平台为创新主体提供了良好的沟通、交流、协作条件，使创新主体很容易找到适合的合作伙伴和其他创新资源（解学梅等，2015），当前我国蓬勃发展的各类“双创”平台即发挥着资源富集地的作用。第四，企业协同创新依赖于创新网络的特性。网络规模越大，伙伴可选择性越多。协作网络越开放，越有利于吸收外来不同文化和知识；网络异质性促进知识能力、资源层次的互补，形成良好的包容创新的文化（陈衍泰等，2015）。第五，协同共赢机制是为了确保协同创新的顺利进行与协同质量。如何协同，协同意愿如何，协同信任度如何（Maecka et al.，2022），协同激励机制、惩罚机制等均可发挥相应作用。尤其是资源实力不均衡时，实力强的企业倾向于保护其专有资源，增加控制权，实力弱的企业倾向于获得更多外部资源，减少资源获取限制或少出力（Heil，2018）。黄妍等（2022）的研究也表明，企业网络协同创新条件如果不具备，则无法保证其成员深度参与协同创新活动，保证协同创新效果，反之则有效。

基于以上分析，本书作出如下假设：

H1：创新条件正向影响企业网络协同创新行为。

2. 创新条件与合作能力

企业所在网络的创新条件对合作能力会产生一定的影响作用（崔淼，2015）。特别是我国目前仍处于东西部发展不均衡的状态，企业所在城市或区域的发展水平会从不同方面影响其合作能力（陈智国，2017）。相对于乡镇区域，在大城市的企业更容易获取服务，各种设施配套齐全，平台与机会比较多，但同时也要面对更加复杂与多元化的环境，环境的复杂会使企业肩负起非常复杂的社会角色，进而刺激其合作能力提升（Bellandi，2014）。因此合作能力水平高低与创新条件关系十分密切（Marja & Liekki，2022）。创新条件较好意味着该企业协同创新网络所在区域或城市的经济水平、技术水平等层次较高，使得企业有更多机会接触这些创新要素，有更多的机会提升眼界，锻炼自己的能力，因此合作能力得到提升的机会也更多。博佐等（Boza et al.，2021）也证明了无论企业网络成员在各类创新条件方面的优先顺序如何，均可使行动者之间产生强烈的互动关系，并对协作能力产生积极影响。

基于以上分析，本书作出如下假设：

H2：创新条件正向影响企业协同创新网络合作能力。

3. 合作能力与协同创新行为

合作能力是企业协调伙伴关系的能力，是企业管理合作关系的结构、认知和情感的一系列协同行为和过程的能力（Lundberg et al.，2004），是企业建构知识网络以维持创新能力的能力，总之是构建、管理、协调和控制网络关系的，用以提升网络运行效率的动态能力（郑胜华和池仁勇，2017），包括战略管控能力、合作吸引能力、关系能力、知识能力、合作互动能力。战略管控能力是与合作伙伴的合作愿景、合作构想或合作规划情况，它为外部合作提供了必要指引，为协同创新行为提供了动力。但是否协作及何时协作，如何利用外部资源，需要具体规划，根据实际条件和能力及其外部环境情况进行；合作吸引能力包括特定产品与市场能力、社会影响力、企业家声誉等，决定了吸引合作伙伴的能力大小（Anne et al.，2011），是保证创新网络成员持久协作的重要因素；识别并获取对企业创新具有潜在价值的知识，并将其消化吸收，进行市场化转化，是知识能力的体现，可实现内外部知识协同效应（王文华，2018），提升协同创新质量；协作互动能力是保证企业网络协同创新的保障因素，包括合理配置与管理创新资源，管理合作关系，与合作伙伴互动、交流、协作共赢的能力。可以判断，良好的协作互动能力必然能够提升合作信任度，使得成员间密切合作（Khan et al.，2021），减少合作伙伴资源泄露、文化侵蚀、核心竞争力丧失等方面的顾虑，提升协同创新价值水平（原长弘和张树满，2019）。

基于以上分析，本书作出如下假设：

H3：合作能力正向影响企业网络协同创新行为；

H3′：合作能力在创新条件和协同创新行为之间起中介作用。

3.2.2　内源性驱动因素与协同创新绩效

1. 创新条件与协同创新绩效

创新资源即企业网络协同创新所需的人、财、物、信息等资源条件，通过这些资源的有效整合与优化配置（Heil，2018），比如财务体系支持、创新资源投入渠道、通过协同机制寻求创新资源共享等（陈强等，2013），为创新活动提供保障，使协作成员获得优良的创新成果，从而提高创新绩效；基础设施条件的好坏是协同创新环境中的现实要素基础，其建设支持水平高为企业网络协同创新绩效的提升提供了便利条件（曹霞等，2020）；企业网络协同创新需要有相应的沟通交流、知识传播、信息交换的平台（Manca et al.，2018），因此创新平台建设必不可少，它是提升企业网络协同创新绩效的组织保障（Temmerman et al.，2021）；有效的协同机制的构建可以保证协作各方的文化相融性，保证成果分配和成本分担的公平性，促进知识的获取与吸收，提升对市场的快速反应能力，提升新产品开发速度，进而提高协同创新绩效（Xie et al.，2013）；协作网络成员的规模、开放性、异质性等特性决定了企业网络协同创新活动的活跃程度，也是支持创新主体协同互动、进行创造性思维和工作、获得异质性知识与信息、快速学习和培养创新能力的必要条件（李昂，2016），是提升企业网络协同创新绩效必不可少的条件。

基于以上分析，本书作出如下假设：

H4：创新条件正向影响企业网络协同创新绩效。

2. 合作能力与协同创新绩效

大量研究成果证明了不同类型的合作能力对新产品绩效的影响（Clauss & Kesting，2017）。针对欧洲和北方 10 个不同国家的研究证明了制定明晰的战略目标、合作构想和合作规划可为项目成功提供强有力的支持（Luzzini，2015）；当企业网络协同创新成员具备了查找、获取和转化外部知识的能力时，能够为企业网络协同创新绩效的提升提供帮助（Najafi – Tavani，2018）；来自“北英国”中小企业的证据也表明，与协作伙伴之间强有力的互动能力与和谐关系虽然在不同的行业和创新中存在着较多类型与较大不同，但在提升协同创新绩效的作用方面没有太大差别（Ystrom et al.，2020）；协作成员跨边界的开放性、自信和平衡技能对于协同创新执行的有效性有着非常重要的影响（Bertello et al.，2022）。

基于以上分析，本书作出如下假设：

H5：合作能力正向影响企业网络协同创新绩效。

3.2.3 外源性驱动因素与协同创新行为

1. 政策环境与协同创新行为

与企业主体相比，政府对企业网络协同创新的作用相对较小（Zeng，2010），但不能忽视政府政策的制定和实施对促进企业网络协同创新进而提升其竞争力的重要作用。作者认为，市场对促进创新驱动发展的作用毋庸置疑，但身处中国特色社会主义初级阶段和经济相对欠发达地区且市场机制不够完善的企业网络，受创新资源的约束较大，如果仅仅依赖市场机制很难在激烈的竞争中获得竞争优势甚至被发达地区挤出"竞争圈"（桂黄宝等，2022），政府的相关政策扶持则有利于推动企业网络的协同创新活动（Thorgren，2009），提升企业协同创新积极性（Fiaz，2013）。政策环境的营造直接影响到协同创新者的积极性，决定其产生效用的关键在于政府自身的民主、法制和效率程度，以及如何平衡好经济整体绩效与单部门知识技术创新的关系。主要体现为创新政策，即对科技、产业等不同领域政策在创新层面的整合，目的是鼓励创造与变化，提升企业创新网络整体竞争力。政策环境对企业网络协同创新强度与质量产生直接影响（熊肖雷和李冬梅，2016），但起着外在激励的作用，对协同创新行为起调节作用。

基于以上分析，本书作出如下假设：

H6：政策环境越完善，越有利于企业网络成员间的协同创新行为；

H6a：政策环境正向调节创新条件对协同创新行为的影响；

H6b：政策环境正向调节合作能力对协同创新行为的影响。

2. 机制环境与协同创新行为

企业网络协同创新活动受到外在社会创新机制的影响，包括产业技术专业化程度、风险投资机制、公共服务机制和创新文化机制。良好的外部创新机制必然会促进企业协同创新网络内的成员为了实现创新目标积极进行协作，形成多种关系的动态平衡，推动创新绩效的提升。产业技术专业化主要指产业技术专业化分工对创新所产生的积极作用，一般与企业协同创新网络所处地域科技发展与应用水平密切相关。产业技术专业化范式还可以为该产业创造一个机会窗口（Zhang et al.，2021），它对企业网络协同创新行为有着显著影响，也在很大程度上决定企业网络创新主体的技术能力，决定了企业的技术发展轨道和技术水平（朱华晟和盖文启，2001），从而推动产业内的协作行为升级；风险投资解决协同创新的资金问题，助推企业网络创新协作；大力发展相关中介服务机构，完善公共服务机制，可为科技成果的转移转化和知识、资金、人才的有效流动搭建平台和桥梁（Schwartz & Barel，2015），畅通物质与能量输送渠道，缩短科研成果和创新要素从研发走向应用、从实验室进入市场的距离（Bellandi et al.，2014）；文化环境属于软环境，包括创新传统、创新精神、适应外部环境变化的能力、创新价值观、鼓励冒险容忍失败的氛围等，它影响着创新主体协同创新行为的可持续性和效能（傅羿芳和朱斌，2004）。文化环境是创新协同行为有效运行的沃土，开放包容和敢冒风险的文化是推动创新知识的产生、传播和应用的助推器和催化剂。沃尔纳和门拉德（Wallner & Menrad，2012）认为创新文化是影响创新行为的重要因素，有利于创新主体之间的认同、联系和合作。可以判断，一个企业协同创新网络的有机运行和稳定性与文化环境紧密相关，其组织结构和文化环境之间相互兼容。

基于以上分析，本书作出如下假设：

H7：机制环境越完善，越有利于企业网络成员间的协同创新行为；

H7a：机制环境正向调节创新条件对协同创新行为的影响；

H7b：机制环境正向调节合作能力对协同创新行为的影响。

3. 市场环境与协同创新行为

企业的外部环境要素对协同创新行为同时存在促进与限制两方面的作用，市场环境亦是如此。竞争激烈且多变的市场环境会给企业发展带来风险，但也会因此促进企业实施创新活动，努力适应环境。协同创新是企业面对资源不足而采取的多主体协同创新活动，其首要要求是市场标准与规则的建立与规范，使得大家遵守共同的“游戏规则”，保障企业网络协同创新战略实施的实际效果（贺团涛和曾德明，2008）；同时，也需要政府和社会为市场发展提供制度性保障，培育市场需求，旨在促进市场吸收，从而拉动来自需求侧的创新（Edler & Georghiou，2007）；企业网络成员协同创新的目的包括扩大业务、扩展用户、充分利用资源、提升竞争力等，但必须考虑其创新产品的市场需求，市场对创新产品的需求程度是其创新的动力来源（吴金希，2015）。总体而言，创新产品所面对的市场是否具有公平、开放、自由的特征以及市场监管和调控的有效性对企业网络协同创新行为具有重要影响（Hung et al.，2021）。市场导向对多主体协同的创新绩效有明显的推动作用，用户需求导向对多主体协同创新绩效的提升最为明显（李斌和韩菁，2019）。

基于以上分析，本书作出如下假设：

H8：市场环境越完善，越有利于企业网络成员间的协同创新行为；

H8a：市场环境正向调节创新条件对协同创新行为的影响；

H8b：市场环境正向调节合作能力对协同创新行为的影响。

3.2.4 协同创新行为与协同创新绩效

协同竞争观已经成为企业网络发展的战略新意境（Ahuja，2000）。通过建立协同创新关系，形成社会网络结构，使得信息与资源的流动更加便捷，获得更加丰富的创新知识、资源和新技术（Najafi，2018；赵炎等，2021），进而促进协同创新绩效的提升。因此虽然存在竞争，但在创新过程中建立与其他创新主体的协作关系更加重要，因为同其他主体的有效协同可以提升创新成果的有效性（Srivastava & Gnyawal，2018）。且随着协作成员间协作广度和深度的提高，创新网络的协同度会越高，协同效应就越大（吴卫红等，2021）。企业可以通过与学研等机构建立协作关系，从外界获取自身所需的知识等创新资源，进而转化为满足市场需求的创新成果，为提升创新绩效打下基础（叶传盛和陈传明，2022）。戴维斯（Davis，2016）使用案例分析法探讨并证明了创新网络中多个合作伙伴有效的动态协作可以提升协同创新绩效。理由在于，有效协作提升了创新主体的协同行为质量与协作深度，进而可提升协同创新绩效，增强竞争力（史宝娟，2017）。张华（2016）认为集群企业间的合作行为通过考虑企业合作态度或参与动机的影响，可以实现创新主体地位均等的合作创新绩效。钱德拉舍卡尔等（Chandrashekar et al.，2017）对孟加拉国创新集群的研究证明了在内外部各类因素的驱动与共同作用下，经由创新主体的密切协作可以保障协同创新网络的顺利运行，达到增强竞争力、提升创新绩效的作用。尽管进行协作带来的挑战多种多样（Dall - Orsoletta et al.，2022），需根据实际情况灵活应对，但对协同创新绩效的作用毋庸置疑。

基于以上分析，本书作出如下假设：

H9：协同创新行为正向影响企业网络协同创新绩效；

H9a：协同创新行为在创新条件和协同创新绩效之间起中介作用；

H9b：协同创新行为在合作能力和协同创新绩效之间起中介作用。

3.3 理论模型构建

根据前面的理论分析与假设，作者构建如下理论模型（见图 3.3）。这个模型的主要理论依据是协同创新理论、网络组织理论和行为心理学的驱力

—诱因理论，以企业协同创新网络为研究对象，该网络具有自组织性、适应性和演化性的特征，网络创新主体能够对外部环境的刺激作出反应，结合自身实际，能动地进行协同创新。同时，模型的设定还参考了胡恩华（2007）、张哲（2008）、卡洛托（Carlotto，2010）、贝兰迪（2014）等学者对创新行为外部环境驱动因素的研究，欧光军（2015）、内斯特和塔博（2018）等学者对创新行为内部驱动因素的研究。特别是扎赫拉和南比桑（Zahra & Nambisan，2011）、张平（2018）证明了环境动态性对创新行为的调节作用，为本模型的设定提供了坚定的理论基础。模型中，将创新主体因素与创新环境看作协同创新行为的内外源驱动因素，二者共同作用可促使创新主体产生积极的协同创新行为从而获得良好的创新绩效。其中，内源性驱动因素包含 2 项因素：创新条件和合作能力，外源性驱动因素包含 3 项因素：政策环境、机制环境和市场环境，再加上协同创新行为和协同创新绩效共形成 7 项企业网络协同创新要素，这些要素的具体内容已由 3.1 节的质性分析结果所决定。7 项创新要素的关系是：创新主体因素是协同创新行为的直接驱动因素；创新环境因素可以直接作用于协同创新行为，也是创新主体与协同创新行为的调节变量，它是协同创新行为的充分条件[①]；协同创新行为是创新主体因素与协同创新绩效的中介变量。

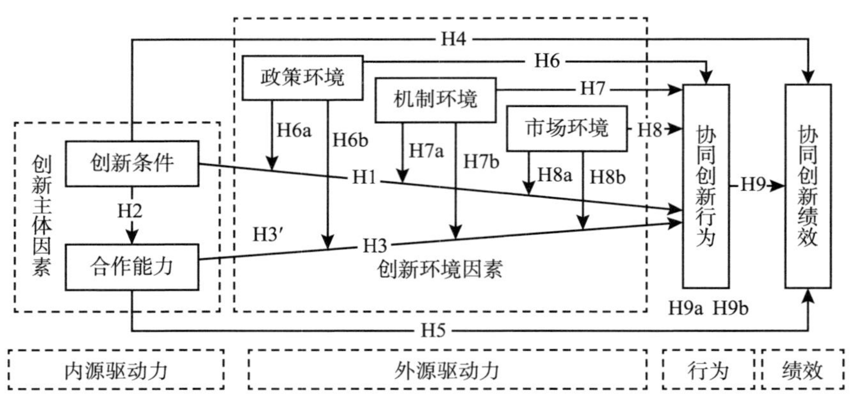

图 3.3 企业网络协同创新要素作用机理模型

① 政策环境、机制环境、市场环境这 3 类环境因素之间也存在一定联系，但由于实际情况限制，本书在后面的实证研究中并未将 3 类环境因素之间的关系考虑在内，只将其分别作为企业网络协同创新主体因素与协同创新行为的调节变量。

3.4 本章小结

本章主要内容包括企业网络协同创新要素分析、企业网络协同创新要素作用机理分析和理论模型构建。

第一，使用扎根理论质性分析法，通过提炼初始概念、副范畴归纳、主范畴分析与选择性编码，最终形成了创新条件、合作能力、政策环境、机制环境、市场环境、协同创新行为、协同创新绩效 7 项企业协同创新网络的创新要素。

第二，分析了这些要素的相互作用机理，提出了研究假设，如表 3.4 所示。

表 3.4　企业网络协同创新要素作用机理假设

假设编号	理论假设内容
H1	创新条件正向影响企业网络协同创新行为。
H2	创新条件正向影响企业协同创新网络合作能力。
H3	合作能力正向影响企业网络协同创新行为。
H3′	合作能力在创新条件和协同创新行为之间起中介作用。
H4	创新条件正向影响企业网络协同创新绩效。
H5	合作能力正向影响企业网络协同创新绩效。
H6	政策环境正向影响企业网络成员的协同创新行为。
H6a	政策环境正向调节创新条件对协同创新行为的影响。
H6b	政策环境正向调节合作能力对协同创新行为的影响。
H7	机制环境越完善，越有利于企业网络成员间的协同创新行为。
H7a	机制环境正向调节创新条件对协同创新行为的影响。
H7b	机制环境正向调节合作能力对协同创新行为的影响。
H8	市场环境越完善，越有利于企业网络成员间的协同创新行为。
H8a	市场环境正向调节创新条件对协同创新行为的影响。
H8b	市场环境正向调节合作能力对协同创新行为的影响。

续表

假设编号	理论假设内容
H9	协同创新行为正向影响企业网络的协同创新绩效。
H9a	协同创新行为在创新条件和协同创新绩效之间起中介作用。
H9b	协同创新行为在合作能力和协同创新绩效之间起中介作用。

第三，根据前文的理论分析与研究假设，构建了包含 7 项创新要素的理论模型，其中创新主体因素是企业网络协同创新的内源性驱动力，起直接驱动作用；创新环境因素是企业网络协同创新的外源性驱动力，它作用于创新主体因素而产生作用，协同创新行为是创新主体因素与协同创新绩效的中介变量，创新环境因素是创新主体与协同创新行为的调节变量。

第 4 章

企业网络协同创新要素作用机理静态实证

第 3 章通过扎根理论质性分析得到了 7 项企业网络协同创新要素，并对这 7 项要素的相互作用关系做了理论假设，构建了理论模型。本章将根据前面的理论分析，使用结构方程分析法，对问卷收集到的数据进行企业网络协同创新要素作用机理实证检验，以验证研究假设的成立与否和理论模型的正确性。本章进行的是各要素之间关系的静态分析，为之后动态分析与治理策略研究打基础。

4.1 研究设计

4.1.1 变量设计与度量指标

本章采用结构方程模型来实证检验企业网络协同创新要素作用机理。使用结构方程模型的优势在于：第一，可以同时处理多个因变量，同时考虑多个因变量的存在及影响；第二，容许自变量和因变量含测量误差，避免测评指标共线性的影响；第三，每个潜变量用多个指标或题目测量，同时估计因子结构和因子关系；第四，可以同时提供变量间的直接效应、间接效应和总效应。

结构方程的变量设计包括外生显变量、外生潜变量、内生显变量和内生潜变量 4 类。在本书中，外生显变量和内生显变量即为企业网络 7 项协同创新要素的度量指标，外生潜变量和内生潜变量则为7项协同创新要素本身。各项变量及其度量指标设定的主要依据是3.1节的扎根理论质性分析结果，即表3.3所示数据编码结果中的“范畴”列已提炼出的各项指标来测量，度量方式为5级定性判断法，通过问卷方式获得度量结果。

具体而言，用18个外生显变量（$A_1 \sim A_7$、$C_1 \sim C_4$、$D_1 \sim D_4$、$Ee_1 \sim Ee_3$）来测度4个外生潜变量（创新条件、政策环境、机制环境、市场环境①），15个内生显变量（$B_1 \sim B_7$、$F_1 \sim F_4$、$G_1 \sim G_4$）来测度3个内生潜变量（合作能力、协同创新行为、协同创新绩效）。变量设定结果如表4.1显变量列所示。

表4.1　　　　结构方程变量设定

潜变量	显变量
创新条件	A_1 创新资源，A_2 基础设施，A_3 创新平台，A_4 网络规模，A_5 开放性程度，A_6 网络异质性，A_7 协作共赢机制
合作能力	B_1 战略管控能力，B_2 合作吸引能力，B_3 关系能力，B_4 知识获取能力，B_5 知识吸收能力，B_6 知识转化能力，B_7 协作互动能力
政策环境	C_1 政策完善度，C_2 政策支持度，C_3 政策执行效率，C_4 政策透明度
机制环境	D_1 技术传播机制，D_2 风险投资机制，D_3 公共服务机制，D_4 创新文化机制
市场环境	Ee_1 行业规则，Ee_2 市场培育，Ee_3 创新需求
协同创新行为	F_1 协作紧密度，F_2 协作深入度，F_3 协作稳定度，F_4 协作牢固度
协同创新绩效	G_1 专利数量，G_2 新产品速度，G_3 生产成本，G_4 市场竞争力

表4.1中，创新条件是外生潜变量，也是模型的解释变量，其测评指标包括创新资源、基础设施、创新平台、网络规模、开放性程度、网络异质性和协同机制7项；合作能力是内生潜变量，它受创新条件所影响，同时又影响协同创新行为与绩效，是模型的中介变量，其测评指标包括战略管控能力、合作吸引能力、关系能力、知识获取能力、知识吸收能力、知识转化能力和协作互动能力7项；协同创新行为是内生潜变量，也是模型的中介变量，其测评指标包括协作紧密度、协作深入度、协作稳定度、协作牢固度4

① 为了在结构方程模型中与随机误差项e相区别，市场环境变量用Ee来表示。

项；协同创新绩效是内生潜变量，也是模型的被解释变量，其测评指标包括专利水平、市场竞争力、新产品水平、生产成本4项；政策环境、机制环境和市场环境是外生潜变量，同时是模型的调节变量，政策环境由政策完善度、政策支持度、政策执行效率、政策透明度4项指标来测量，机制环境由产业专业化、风险投资机制、公共服务机制、创新文化机制4项指标来测量；市场环境由行业规则性、市场培育机制、创新产品需求3项指标来测量。

特别需要说明的是，结构方程分析法要求每项潜变量的测评指标不少于3个，如果直接使用表3.3中“副范畴”列所示指标则无法满足结构方程分析法的要求，而且也不易通过问卷调查得出这些指标的评价结果，因此表3.3中“副范畴”列所示指标仅用于过程分析，不作为本章7项协同创新要素的测评指标出现。但由于表3.3中出现的各项指标是笔者通过访谈、问卷及文献相结合进行质性分析所得的结果，是本节变量设定的重要基础，因而有必要列示出各项度量指标的释义及参考文献来源，以证明本节变量设计与度量指标的可行性，具体内容如表4.2所示。

表4.2　度量指标释义及来源

协同创新要素	度量指标	指标释义	文献来源
创新条件	创新资源	企业协同创新需要的各种投入，包括人、财、物、技术、信息等各方面	斯里瓦斯塔瓦和格尼亚瓦尔（Srivastava & Gnyawal），2018； 黄世政等，2017
	创新基础设施	由硬件设施和软件设施所组成，主要为创新主体从事创新活动的联系和沟通提供便利条件	乌亚拉和拉姆洛根（Uyarra & Ramlogan），2016； 刘雪芹和张贵，2016
	创新平台	创新平台/创新基地、合作平台等建设情况	王伟光等，2015； 陈红军，2019
	创新网络特征	创新网络规模、异质性与开放性等特征	解学梅等，2015； 内斯特和塔博（Nestle & Täube），2018
	协同共赢机制	网络成员相互配合、齐心协力共同解决问题的机制建设情况	解学梅等，2014； 鲁若愚等，2012； 于喜展和张传波（Yu & Zhang），2014

续表

协同创新要素	度量指标	指标释义	文献来源
合作能力	战略管控能力	企业对协同创新网络的合作愿景、合作构想和合作规划能力	郑胜华和池仁勇，2017
	合作吸引能力	企业通过特定技术和产品吸引其他主体合作的能力	郑胜华和池仁勇，2017
	关系能力	企业的企业家声誉和社会关系状况	扎赫拉和乔治（Zahra & George），2002；马国勇等，2014
	知识能力	企业知识搜寻、知识吸收、知识转换、知识传播和外部学习等的能力	欧光军等，2015，2016；阿斯莱森和彼得森（Aslesen & Pettersen），2018
	协作互动能力	与网络其他成员进行协作、交流与良性互动的能力	董秋霞和高长春，2012
政策环境	政策完善度	各类相关政策与制度内容全面、完整	乌亚拉和拉姆洛根（Uyarra & Ramlogan），2016；王帮俊和朱荣，2019
	政策支持度	鼓励协同创新、合作等各类相关政策的支持程度	乌亚拉和拉姆洛根（Uyarra & Ramlogan），2016；Zeng，2017
	政策执行效率	与政策执行相关的工作流程、工作效率	乌亚拉和拉姆洛根（Uyarra & Ramlogan），2016；王帮俊和朱荣，2019
	政策透明度	政策及时对外公布以便利公众查询的程度	乌亚拉和拉姆洛根（Uyarra & Ramlogan），2016；欧光军等，2015
机制环境	产业专业化程度	协同创新所属产业技术专业化程度	菲利佩蒂和阿基布吉（Filippetti & Archibugi），2011
	风险投资驱动机制	企业网络所属地域风险投资产业活跃程度	施瓦茨和巴雷尔（Schwartz & Barel），2015；詹志华和王豪儒，2018
	公共服务机制	企业所属地域公共服务机构或科技园区、孵化器的功能与水平	贝兰迪等（Bellandi et al.），2014；詹志华和王豪儒，2018
	创新文化机制	企业所属地域的创新文化机制	施瓦茨和巴雷尔（Schwartz & Barel），2015；詹志华和王豪儒，2018

续表

协同创新要素	度量指标	指标释义	文献来源
市场环境	市场规范性	协同创新产品所属行业的市场标准与规范程度	埃德勒和乔治乌（Edler & Georghiou），2007 李斌和韩菁，2019
	市场培育机制	协同创新产品所属行业引导和培育客户使用新产品的力度	埃德勒和乔治乌（Edler & Georghiou），2007； 贺团涛和曾德明，2008
	创新产品的需求	协同创新产品所属市场消费者对使用本领域创新产品的态度与需求	吴金希等，2015
协同创新行为	协作强度	网络内伙伴之间的技术合作、资源分享、知识转移等合作频繁与深入程度	朱兵，2016
	协作质量	网络内伙伴之间的协作关系的稳定和牢固程度	王松和盛亚，2013；钱德拉舍卡尔等（Chandrashekar et al.），2017；王建平等，2019
协同创新绩效	申请专利数	网络伙伴通过协同创新获得的专利数量	梁娟等，2019
	新产品增长	通过协作比业内同行更快地推出新产品和新服务	基姆（Kim），2019
	成本降低	通过协同创新与技术学习使产品生产成本得以降低	穆赫塔洛夫等（Mukhtarov et al.），2019； 梁娟等，2019
	市场竞争力	通过协同创新促进了自身市场竞争力的提升	穆赫塔洛夫等（Mukhtarov et al.），2019； 梁娟等，2019

4.1.2　问卷设计

本书通过问卷调查与访谈相结合的方式获取研究所需的数据。问卷设计参考了大量学者的已有成果和本书的质性分析结果，又征询了本领域专家、学者的意见，经过反复论证后形成。问卷内容包括两部分，一是基本信息部分，包括所属产业、是否高新技术企业、成立年份、发展阶段、合作伙伴数量、所在省份和填表人职位；二是主体信息，包括创新条件、合作能力、政策环境、机制环境、市场环境、协同创新行为和协同创新绩效7项协同创新要素。问卷中以李克特5级量表来度量各个题项，“1”~“5”分别代表“很差”“较差”“一般”“较好”“很好”。其中，创新条件7个问项，合作能力8个问项，政策环境4个问项，机制环境4个问项，市场环境3个问项，协同创新行为4个问项，协同创新绩效4个问项。

首先在小范围内发放40份小样本问卷进行试调研，对回收的问卷进行信度效度检验，并对编制的量表进行修正，经修改无误后发放正式问卷。问卷详情见附录2。

4.1.3 样本选择与数据获取

本书随机选择不同类型的企业网络成员作为问卷样本，为保证问卷作答的可靠性与准确性，要求作答者至少为企业中高基层管理人员或技术创新人员。

正式发放与填写问卷时间为2019年7月，通过微信、邮件和现场多渠道发放，线下发放90份，线上发放406份，最终共回收有效问卷358份，有效率为72.18%。调查对象的基础信息如表4.3所示。

表4.3 调查对象基本信息统计

信息类型	选项	个数	比例（%）
所属产业	农林牧副渔食品	29	8.10
	纺织服装	13	3.63
	制造加工	24	6.70
	交通运输业	16	4.47
	金属或矿物制品业	11	3.07
	生物医药产业	41	11.45
	能源环保产业	76	21.23
	新材料新能源产业	32	8.94
	通信产业	19	5.31
	汽车电子与零部件产业	25	6.98
	教育商业等其他产业	72	20.11

续表

信息类型	选项	个数	比例（%）
是否为高新技术企业	是	132	36.87
	否	226	63.13
成立年份（单位：年）	数量<10	149	41.62
	10≤数量<20	75	20.95
	20≤数量<30	35	9.78
	30≤数量	99	27.65
员工人数（人）	数量<100	95	26.54
	100≤数量<300	81	22.63
	300≤数量<1000	54	15.08
	1000≤数量	128	35.75
发展阶段	企业新建的创业期	71	19.83
	销售额快速增长的成长期	82	22.91
	销售额趋于稳定的成熟期	176	49.16
	企业销售额衰退的萎缩期	29	8.10
合作伙伴数量	数量<50	107	29.89
	50≤数量<200	103	28.77
	200≤数量<500	56	15.64
	500≤数量	92	25.70
所在省份	山西省内	234	65.36
	山西省外	124	34.64
填表人职位	高层管理人员	65	18.16
	中层管理人员	135	37.71
	基层管理人员	102	28.49
	技术创新人员	56	15.64

如表 4.3 所示，被调查企业共涉及 11 个产业，其中高新技术企业 132 个，占总数的 36.87%，剩余为非高新技术企业，共 226 个，占总数的 63.13%；成立时间以 10 年以内的居多，占总数的 41.62%，其次是大于 30

年，占总数的 27.65%；被调研企业成员人数 1000 人以上最多，占到总数的 35.75%，其次是人数小于 100 的企业，占到总数的 26.54%；处于销售额趋于稳定的成熟期的企业占比最多，为 49.16%，处于衰退期的企业数量最少，仅有 29 个，占比为 8.10%；合作伙伴数量大多在 200 人以下，为 58.66%；山西省内企业数占 65.36%，其余为省外企业，占比为 34.64%；填表人职位大多为中、基层管理人员，二者共同占比为 66.20%。

4.1.4 描述性统计与信度效度检验

对回收的问卷数据进行初步分析，分析方法有：描述性统计分析法、信度与效度分析方法。基本特征分析使用描述性统计分析法，信度分析使用 Cronbach's α 系数以确认题项的一致性，结构效度分析采用 KMO 和 Bartlett 球形检验以及因子分析法，收敛效度使用 Amos 22.0 进行检测。

1. 均值、标准差与 Pearson 相关系数

表 4.4 显示了本书所研究 7 个潜变量的均值、标准差与 Pearson 相关系数。从中可看出，7 个潜变量的均值介于 3.2 ~ 3.6 之间，说明属于中等水平；标准差介于 0.6 ~ 0.8 之间，相差不大。除机制环境与协同行为在 $p<0.05$ 水平下显著正相关外，其他变量均在 $p<0.01$ 水平下显著正相关。7 个潜变量之间的相关系数初步验证了它们之间的正相关性，为之后分析彼此之间的因果关系及作用机理奠定了基础。另外，由于本书采用结构方程方法进行数据分析，对于变量间的多重共线性问题能够予以很好的解决，因此不需考虑变量间的多重共线性处理问题。

2. 信度与结构效度检验

将回收的有效问卷统计数据输入 SPSS 25.0 软件进行信度效度分析，检测结果如表 4.5 所示。根据学者戴维里斯（DeVellis，1991）的观点，Cronbach's α 系数为 0.80 ~ 0.90 时表明问卷信度非常好，从表 4.5 可看出，各项变量指标的 Cronbach's α 系数均大于 0.8，说明问卷的可靠性和一致性非常好，信度检验通过。

表 4.4 潜变量均值、标准差与 Pearson 相关系数

变量	均值	标准差	1	2	3	4	5	6	7
创新条件	3.224	0.682	1	0.671***	0.541***	0.657***	0.683***	0.640***	0.608***
合作能力	3.490	0.678	0.671***	1	0.666***	0.691***	0.510***	0.479***	0.617***
政策环境	3.547	0.688	0.541***	0.666***	1	0.492***	0.654***	0.653***	0.579***
机制环境	3.402	0.727	0.657***	0.691***	0.492***	1	0.539***	0.430**	0.582***
市场环境	3.506	0.783	0.683***	0.510***	0.654***	0.539***	1	0.722***	0.657***
协同行为	3.543	0.629	0.640***	0.479***	0.653***	0.430**	0.722***	1	0.727***
协同绩效	3.492	0.682	0.608***	0.617***	0.579***	0.582***	0.657***	0.727***	1

注：*** 表示 $p<0.01$，** 表示 $p<0.05$。

表 4.5　　信度与效度检测结果

变量	题项数目	Cronbach's α 系数	KMO		Bartlett	
创新条件	7	0.947	0.922	0.970	0.000	7211.040 5610.000
合作能力	8	0.948	0.931		0.000	
政策环境	4	0.919	0.846		0.000	
机制环境	4	0.884	0.831		0.000	
市场环境	3	0.893	0.714		0.000	
协同行为	4	0.905	0.777		0.000	
创新绩效	4	0.924	0.844		0.000	

结构效度检验见表 4.5 的 KMO 和 Bartlett 球体检验值。根据学者凯瑟（Kaiser，1974）的观点，KMO 值愈大表示变量间的共同因素愈多，愈适合进行探索性因子分析，若 KMO 的值小于 0.5，则不宜进行因子分析。本问卷的 KMO 均值为 0.951，7 项变量的 KMO 值均在 0.7 以上，且 Bartlett 球形检验 =7211.040（df =561），$p<0.05$，各项检验符合要求，可进行探索性因子分析。

本书还考查了删除相应项后的 Cronbach's α 系数（见表 4.6），最终结果显示所有项均不需删去，主要原因在于前期进行试调研对问卷结构做了修正，说明预调研是十分必要的。

表 4.6　　删除项后的 Cronbach's α 系数

潜变量	显变量	删除项后的 Cronbach's α 系数	Cronbach's α 系数
创新条件	A1 创新资源	0.944	0.947
	A2 基础设施	0.937	
	A3 创新平台	0.936	
	A4 网络规模	0.933	
	A5 开放性程度	0.936	
	A6 网络异质性	0.936	
	A7 协作共赢机制	0.947	

续表

潜变量	显变量	删除项后的 Cronbach's α 系数	Cronbach's α 系数
合作能力	B1 战略管控能力	0. 942	0. 948
	B2 合作吸引能力	0. 941	
	B3 关系能力	0. 944	
	B4 知识获取能力	0. 939	
	B5 知识吸收能力	0. 937	
	B6 知识转化能力	0. 939	
	B7 协作互动能力	0. 942	
政策环境	C1 政策完善度	0. 904	0. 919
	C2 政策支持度	0. 887	
	C3 政策执行效率	0. 886	
	C4 政策透明度	0. 902	
机制环境	D1 产业专业化	0. 881	0. 884
	D2 风险投资	0. 842	
	D3 公共服务	0. 840	
	D4 创新文化机制	0. 828	
市场环境	Ee1 行业规范性	0. 891	0. 893
	Ee2 市场培育	0. 797	
	Ee3 创新需求	0. 829	
协同创新行为	F1 协作紧密度	0. 872	0. 905
	F2 协作深入度	0. 874	
	F3 协作稳定度	0. 865	
	F4 协作牢固度	0. 896	
协同创新绩效	G1 专利数量	0. 912	0. 924
	G2 新产品速度	0. 897	
	G3 生产成本	0. 889	
	G4 市场竞争力	0. 907	

对所有变量进行因子分析，设定提取 7 个公因子，结果显示 7 个公因子累计贡献率达到 79.64%。用最大方差法进行正交因子旋转，进而得到旋转后的主要因子负荷值（见表 4.7）。由此可发现，所有题项的因子负荷均大于 40%，因而本问卷结构效度较好。

表 4.7　因子负荷值

潜在指标	表现指标	因子载荷						
创新条件	A1 创新资源		0.626					
	A2 基础设施		0.756					
	A3 创新平台		0.764					
	A4 网络规模		0.777					
	A5 开放性程度		0.764					
	A6 网络异质性		0.766					
	A7 协作共赢机制		0.512					
合作能力	B1 战略管控能力	0.568						
	B2 合作吸引能力	0.547						
	B3 关系能力	0.752						
	B4 知识获取能力	0.714						
	B5 知识吸收能力	0.731						
	B6 知识转化能力	0.665						
	B7 协作互动能力	0.582						
政策环境	C1 政策完善度			0.607				
	C2 政策支持度			0.754				
	C3 政策执行效率			0.752				
	C4 政策透明度			0.735				
机制环境	D1 产业专业化				0.571			
	D2 风险投资				0.638			
	D3 公共服务				0.595			
	D4 创新文化机制				0.538			

续表

潜在指标	表现指标	因子载荷						
市场环境	E1 行业标准							0.633
	E2 市场培育							0.458
	E3 创新需求							0.453
协同创新行为	F1 协作紧密度					0.433		
	F2 协作深入度					0.543		
	F3 协作稳定度					0.720		
	F4 协作牢固度					0.685		
协同创新绩效	G1 专利数量						0.743	
	G2 新产品速度						0.703	
	G3 生产成本						0.713	
	G4 市场竞争力						0.632	

3. 收敛效度检验

(1) 创新条件收敛效度的检验。

使用 Amos 22.0 做各项变量收敛效度的检验。如图 4.1 所示，将创新条件变量输入 Amos 22.0 中，不做任何修正，未修正的卡方值自由度比值 9.053，远大于 3，RMSEA 大于 0.08，所以没有收敛。

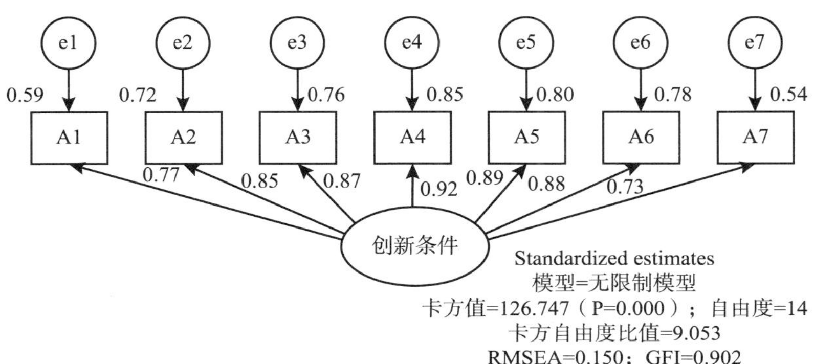

图 4.1　创新条件未修正的估计值

再次分析各变量之间的联系，将有相关关系的残差用双箭头相连，再次进行模型估计，修正后模型的卡方值自由度比值 1.884，小于 3，RMSEA 小于 0.08，GFI 大于 0.9，其他各项判断指标也符合要求，所以收敛效果很好。结果见图 4.2。

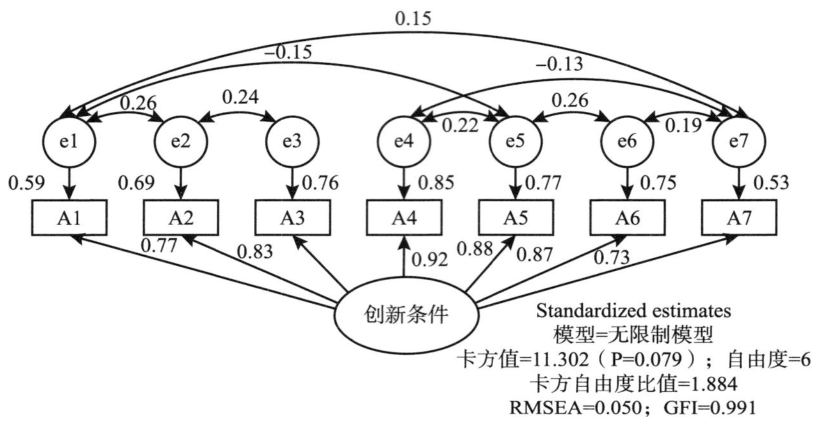

图 4.2　修正后的创新条件估计值

（2）合作能力收敛效度的检验。

同样做法，如图 4.3 所示，未修正的卡方值自由度比值 6.091，远大于 3，RMSEA 大于 0.08，所以没有收敛。再次修正后，修正后的卡方值自由度比值 1.281，小于 3，RMSEA 小于 0.08，GFI 大于 0.9，所以收敛效果很好。如图 4.4 所示。

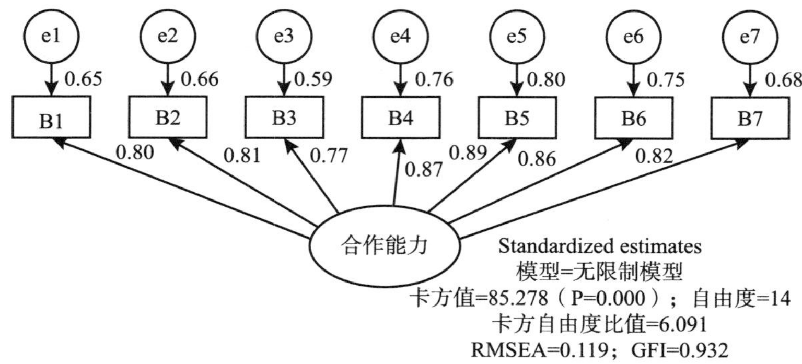

图 4.3　未修正的合作能力估计值

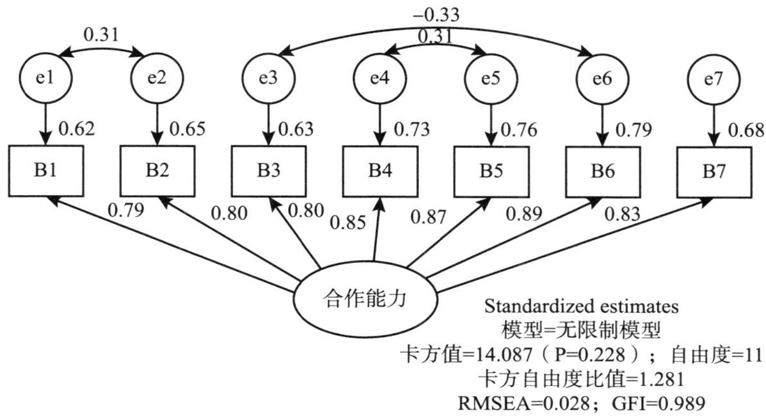

图 4.4　修正后的合作能力估计值

（3）所有指标收敛效度的检验（见表 4.8）。

表 4.8　各模型收敛效度数据

模型	X^2/df	GFI	AGFI	CFI	TLI	RMR	RMSEA
创新条件	1.884	0.991	0.958	0.998	0.992	0.008	0.050
合作能力	1.281	0.989	0.963	0.997	0.996	0.009	0.028
协同行为	2.530	0.987	0.896	0.991	0.948	0.008	0.082
协同绩效	2.740	0.996	0.962	0.998	0.991	0.005	0.070
政策环境	2.453	0.950	0.883	0.972	0.944	0.016	0.084
机制环境	2.586	0.981	0.952	0.989	0.975	0.013	0.064
市场环境	1.818	0.997	0.980	0.999	0.996	0.007	0.048

使用前述同样方法，对协同创新行为、协同创新绩效、政策环境、机制环境与市场环境做修正后均可实现收敛，具体收敛度数值如表 4.8 所示。收敛度的检验通过说明企业协同创新网络的 7 类创新要素的观测指标可以用来反映同一个变量，指标的设定可行。

4.2 模型拟合及检验

结构方程模型是对潜变量间的一种完整的关系路径分析，可研究潜变量之间复杂的相互关系。本节对 7 项潜变量进行路径分析，明确多种内外源驱动因素对企业网络成员协同创新行为与协同创新绩效的作用路径。通过比较分析不同驱动因素对协同创新行为与绩效的路径系数以及显著程度等，探讨各类要素的影响作用差异，为后文的模拟仿真和策略建议提供理论依据。

4.2.1 内源性驱动因素作用路径分析

本节讨论创新条件和合作能力对协同创新行为与协同创新绩效的影响。根据之前的模型设定，使用 Amos 22.0 画出模型的路径系数图，并将样本数据输入进行模型运算。Amos 22.0 提供了多种模型运算方法，经过比较，发现最大似然估计法效果最佳，因而采用最大似然估计法进行运算。为了可以直接比较不同变量间的路径系数从而得知其相对变化水平，将输出结果默认的路径系数（或因子载荷系数）进行标准化。

1. 最优模型拟合：创新条件与合作能力对协同行为与协同绩效的影响①

因各个变量之间可以设定多条不同路径而形成多个路径模型，需要将这些模型做对比才可得到最佳模型。本书首先设定全路径模型作为基准模型 M_1，即第 3 章图 3.3 提出的理论模型。模型 M_1 经运行后虽然各项拟合指标良好，但有一条路径即合作能力—协同创新绩效路径不能通过检验，因此删除这条路径，形成新的模型 M_2，该模型的拟合优度均符合要求，路径系数均显著。此外，作者还检验了其他一些模型，均未能达到拟合优度检验或路径显著性检验的要求，因此经过综合评价各个模型，认为模型 M_2 为最佳模型。

另外，经观察 M_2 的修正指数发现，A_1 与 A_2、A_2 与 A_3、A_3 与 A_7 等一

① 此处的协同行为与协同绩效即协同创新行为与协同创新绩效，主要目的是与模型图中的简化变量相一致。

些变量的残差之间存在相关关系。从理论上分析，创新资源与基础设施、基础设施与创新平台、创新平台与协作共赢机制等变量之间确实存在一定的相关关系，因此在模型中增加它们之间的相关路径，使各模型拟合更好。拟合之后的路径图及路径系数如图 4.5 所示。

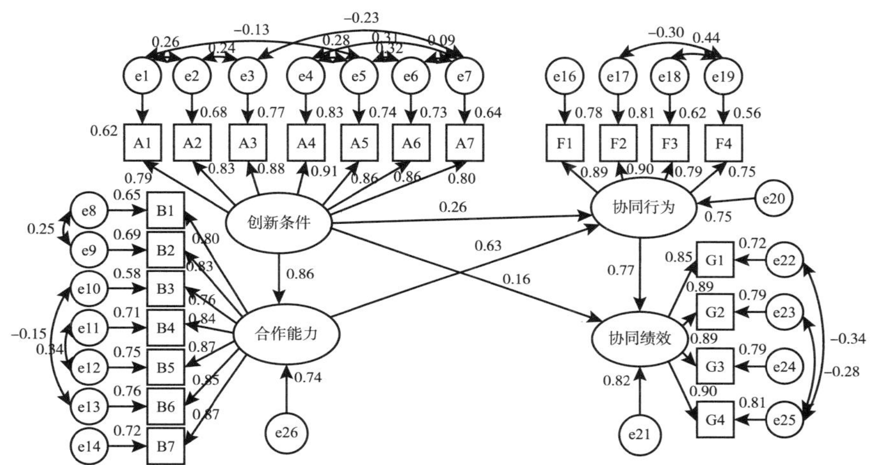

图 4.5　创新条件与合作能力对协同行为与绩效的影响最佳模型 M_2 拟合

表 4.9 显示了模型 M_2 对总体 358 个样本数据的拟合优度指标数据，表 4.10 显示了权威学者对各个拟合优度指标的判别标准，表 4.11 显示了模型 M_2 的路径系数与显著性水平。

表 4.9　　最佳模型 M_2 拟合优度指标数据

模型	X^2/df	GFI	AGFI	CFI	TLI	RMR	RMSEA
M_2	2.604	0.901	0.871	0.963	0.955	0.027	0.065

表 4.10　　拟合优度指标判别标准

拟合指标	判别标准
x^2/df	> =1，< =3（Carmines et al.，1981）
拟合优度指数（GFI）	> =0.9（Scott，1994）

续表

拟合指标	判别标准
调整拟合优度指数（AGFI）	> =0.8（Scott，1994）
比较拟合优度指数（CFI）	> =0.9（Bagozzi & Yi，1988）
Tucker – Lewis 指数（TLI）	> =0.9（Tucker – Lewis，1973）
均方根残差（RMR）	< =0.05（Hu & Bentler，1999）
近似误差均方根估计（RMSEA）	< =0.08（Bagozzi & Yi，1988）

表 4.11　　模型 M_2 的路径系数与显著性水平

潜变量关系	路径系数	临界比 C. R.	显著性水平 p	检验结果
合作能力←创新条件	0.859 ***	14.717	0.000	通过
协同行为←合作能力	0.634 ***	7.768	0.000	通过
协同行为←创新条件	0.257 ***	3.427	0.000	通过
协同绩效←创新条件	0.162 ***	2.914	0.004	通过
协同绩效←协同行为	0.771 ***	11.225	0.000	通过
协同绩效←合作能力	路径限制	路径限制	路径限制	未通过

注：*** 为 $p<0.01$，** 为 $p<0.05$。

对照表4.10中的拟合优度指标判别标准可知，表4.9中模型 M_2 的各项拟合优度指标数据均符合标准，因此该模型拟合优度检验通过。

通过观察图4.5和表4.11可知，合作能力对协同绩效的影响路径存在于基准模型中，但未能通过显著性检验 $p<0.1$ 的检验，因而该路径不能成立，因而在模型 M_2 中无此路径，合作能力只通过协同行为对协同绩效产生间接影响。其他路径均通过了至少为 $p<0.05$ 的显著性检验。

2. 路径系数分析

图4.5可直观地看出4个潜变量之间的路径关系，结合表4.11可验证研究假设的正确与否。研究假设H2假设创新条件正向影响企业网络合作能力，研究假设H1、H4假设创新条件分别正向影响企业网络协同创新

行为和协同创新绩效，研究假设 H3、H5 假设合作能力分别正向影响企业网络协同创新行为和协同创新绩效，H3′假设合作能力在创新条件和协同创新行为之间起中介作用，研究假设 H9 假设协同创新行为正向影响企业网络的协同创新绩效，研究假设 H9a 假设协同创新行为在创新条件和协同创新绩效之间起中介作用，研究假设 H9b 假设协同创新行为在合作能力和协同创新绩效之间起中介作用。

根据表 4. 11 所示，创新条件到合作能力的路径系数为 0. 859，其 C. R. 值为 14. 717，相应的 p 值小于 0. 01，通过了 99% 置信度下的显著性检验，证明 H2 假设正确；创新条件到协同创新行为的路径系数为 0. 257，其 C. R. 值为 3. 427，相应的 p 值小于 0. 01，通过了 99% 置信度下的显著性检验，证明 H1 假设正确；创新条件到协同创新绩效的路径系数为 0. 162，其 C. R. 值为 2. 914，相应的 p 值小于 0. 01，通过了 99% 置信度下的显著性检验，证明 H4 假设正确；合作能力到协同创新行为的路径系数为 0. 634，其 C. R. 值为 7. 768，相应的 p 值小于 0. 01，通过了 99% 置信度下的显著性检验，证明 H3 假设正确；但合作能力到协同创新绩效的路径系数受到限制，未通过 95% 置信度下的显著性检验，因此 H5 假设未得到支持；协同创新行为到协同创新绩效的路径系数为 0. 771，其 C. R. 值为 11. 225，相应的 p 值小于 0. 01，通过了 99% 置信度下的显著性检验，证明 H9 假设正确；通过上述路径系数可知，创新条件经由协同创新行为路径再到协同创新绩效路径，因此证明协同创新行为是创新条件和协同创新绩效的中介变量，假设 H9a 得到支持；同理，假设 H9b 也得到支持；另外，合作能力是创新条件与协同创新行为的中介变量，假设 H3′得到支持。

3. 各潜变量之间的直接效应、间接效应和总效应分析

表 4. 12 列示了创新条件、合作能力、协同创新行为和协同创新绩效之间的直接效应、间接效应和总效应 3 类效应。由表 4. 12 可看出，创新条件到协作绩效之间有 3 条路径，一条是直接路径，即创新条件到协同绩效，另两条是间接路径，即创新条件到协同行为到创新绩效的间接效应，创新条件到合作能力到协同行为到创新绩效的间接效应，相应路径系数均通过 $p < 0.05$ 的显著性检验。

表 4.12　　各潜变量之间的直接效应、间接效应以及总效应

		创新条件	合作能力	协同行为
合作能力	直接效应	0.859***		
	间接效应	0.000		
	总效应	0.859		
协同行为	直接效应	0.257***	0.634***	
	间接效应	0.545	0.000	
	总效应	0.802	0.634	
协同绩效	直接效应	0.162***	0.000	0.771***
	间接效应	0.618	0.489	0.000
	总效应	0.780	0.489	0.771

注：*** 为 $p<0.01$，** 为 $p<0.05$。

各变量之间的直接效应值通过图 4.5 的路径系数即可看出，但由于存在中介变量，总效应和间接效应的计算方法需经过计算得出。表 4.12 中的数据是经过计算后的 3 类效应值。其中创新条件经由合作能力到协同行为到协同绩效所包含的各个路径系数的乘积即本条路径上创新条件到协同绩效的间接效应，即 $0.859\times0.634\times0.771=0.420$，说明当其他条件不变时，创新条件潜变量每提升一个单位，创新绩效潜变量将间接提升 0.420 个单位；创新条件到协同行为到协同绩效的间接效应为：$0.257\times0.771=0.198$；创新条件到协同绩效的直接效应即为其路径系数 0.162；从创新条件到创新绩效的总效应即其间所包含的直接效应与间接效应之和，即 $0.420+0.198+0.162=0.780$。其他变量之间的总效应计算方法相同，不再赘述。

4.2.2　外源性驱动因素作用路径分析

本节讨论外部环境因素政策环境、机制环境和市场环境对协同创新行为与协同创新绩效的影响。仍旧使用 Amos 22.0 画出模型的路径系数图，并将样本数据输入进行模型运算。采用运算方法仍旧为最大似然估计法，并将输出结果默认的路径系数（或因子载荷系数）进行标准化。

1. 最优模型拟合：3 类外部环境因素对协同行为与绩效的影响

本模型中，不考虑内部创新条件与合作能力的影响作用，只考虑政策环境、机制环境和市场环境对协同行为与绩效的影响，其中政策环境、机制环境和市场环境相互之间不产生因果关系。仍旧设定全路径模型作为基准模型 M_T，其中设定 3 类环境因素不但对协同创新行为产生影响，还对协同创新绩效产生影响。模型 M_T 经运行后发现 3 类环境因素对协同创新绩效的路径系数不显著，因此去掉此 3 条路径，形成模型 M_3。运行模型 M_3，发现各项拟合指标良好，路径系数均显著。此外，笔者也试着将 3 类外源性因子添加因果关系，但发现拟合效果均不理想。因此，认为模型 M_3 为最佳模型。

另外，经观察 M_3 的修正指数发现，F_1、F_2、F_4，G_1 与 G_4、G_3 与 G_4 变量的残差之间存在相关关系。从理论上分析，协作深入度、协作稳定度与协作牢固度，专利数量、生产成本与市场竞争力之间确实存在一定的相关关系，因此在模型中增加它们之间的相关路径，使各模型拟合更好。拟合之后的路径图及路径系数如图 4. 6 所示。表 4. 13 显示了模型 M_3 的拟合优度指标数据，表 4. 14 显示了模型 M_3 的路径系数与显著性水平。

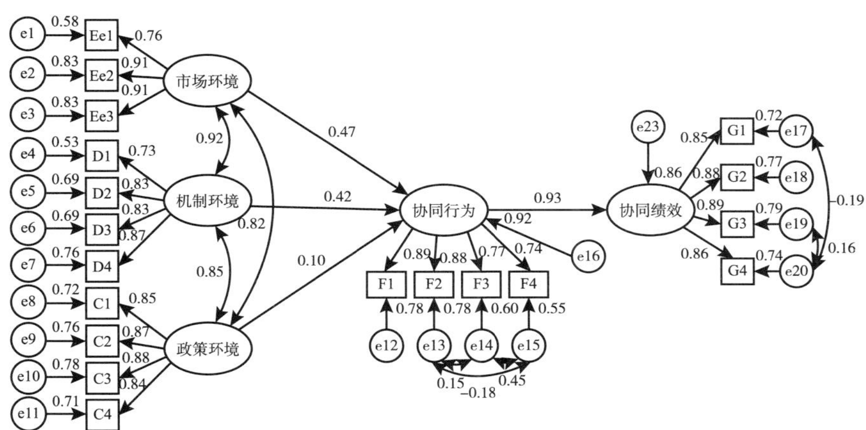

图 4. 6　环境因素对协同行为与绩效的影响最佳模型拟合

表 4.13　　模型 M_3 拟合优度指标数据

模型	X^2/df	GFI	AGFI	CFI	TLI	RMR	RMSEA
M_3	2.510	0.904	0.868	0.968	0.961	0.022	0.065

表 4.14　　模型 M_3 的路径系数与显著性水平

潜变量关系	路径系数	临界比 C. R.	显著性水平 p	检验结果
协同行为←机制环境	0.424 ***	15.556	0.000	通过
协同行为←政策环境	0.100 *	14.917	0.000	通过
协同行为←市场环境	0.465 ***	2.996	0.003	通过
协同绩效←协同行为	0.929 ***	11.187	0.000	通过

注：*** 为 $p<0.01$，** 为 $p<0.05$，* 为 $p<0.1$。

2. 路径系数分析

图 4.6 可直观地看出 5 个潜变量之间的路径关系，结合表 4.13 可验证研究假设的正确与否。H6 假设政策环境正向影响企业网络成员的协同创新行为，H7 假设机制环境正向影响企业网络成员的协同创新行为，H8 假设市场环境正向影响企业网络成员的协同创新行为。

据表 4.14 所示，政策环境到协同创新行为的路径系数为 0.100，其 C. R. 值为 14.917，相应的 p 值小于 0.01，通过了 90% 置信度下的显著性检验，证明 H6 假设正确；机制环境到协同创新行为的路径系数为 0.424，其 C. R. 值为 15.556，相应的 p 值小于 0.01，通过了 99% 置信度下的显著性检验，证明 H7 假设正确；市场环境到协同创新行为的路径系数为 0.465，其 C. R. 值为 2.996，相应的 p 值小于 0.01，通过了 99% 置信度下的显著性检验，证明 H8 假设正确；另外，协同创新行为到协同创新绩效的路径系数为 0.929，其 C. R. 值为 11.187，相应的 p 值小于 0.01，通过了 99% 置信度下的显著性检验，再次证明了 H9 的假设正确。

3. 各潜变量之间的直接效应、间接效应和总效应分析

表 4.15 列示了政策环境、机制环境、市场环境、协同创新行为和协同创新绩效之间的直接效应、间接效应和总效应 3 类效应值。由表 4.15 可看

出，政策环境、机制环境、市场环境到协同创新绩效之间没有直接路径，只有经由协同创新行为的间接路径，相应路径系数均通过 $p<0.05$ 的显著性检验。由此可知，在 3 个外部环境要素的作用下，以协同行为作为中介变量，对协同绩效产生影响，各个影响效应全部为正。

表 4.15　　各潜变量之间的直接效应、间接效应以及总效应

		政策环境	市场环境	机制环境	协同创新行为
协同行为	直接效应	0.100*	0.465***	0.424***	0.000
	间接效应	0.000	0.000	0.000	0.000
	总效应	0.100	0.465	0.424	0.000
协同绩效	直接效应	0.000	0.000	0.000	0.929***
	间接效应	0.093	0.432	0.393	0.000
	总效应	0.093	0.432	0.393	0.929

注：*** 为 $p<0.01$，** 为 $p<0.05$，* 为 $p<0.1$。

各变量之间的直接效应值通过图 4.6 的路径系数即可看出，但由于存在中介变量，总效应和间接效应的计算方法需经过计算得出。政策环境到协同绩效之间只有间接效应，即政策环境经由协同行为到协同绩效的两个路径系数的乘积，即 $0.100\times0.929=0.093$，由于不存在其他路径，因而此间接效应也是总效应，说明当其他条件不变时，政策环境潜变量每提升一个单位，协同创新绩效将间接提升 0.093 个单位；同理，市场环境到协同绩效之间的间接效应为 $0.465\times0.929=0.432$，说明当其他条件不变时，市场环境潜变量每提升一个单位，协同创新绩效将间接提升 0.432 个单位；机制环境到协同绩效之间的间接效应为 $0.424\times0.929=0.393$，说明当其他条件不变时，机制环境潜变量每提升一个单位，协同绩效将间接提升 0.393 个单位。

比较 3 类环境变量的总效应值，发现市场环境对企业协同创新绩效的影响最大，其次是机制环境，最后是政策环境。由此可知，虽然 3 类环境变量均对企业网络协同创新行为与绩效产生影响，但最应充分发挥市场环境与机制环境的作用，政策环境作为必不可少的环境变量，应当在制定规则、监督规则执行、惩罚不遵守规则的行为等方面发挥作用，而不应直接干预企业协同创新网络成员的市场化行为。

4.3 调节效应分析

本节开始分析政策环境、机制环境和市场环境的调节效应。分析的思路是：首先基于4.3.1节中创新条件与合作能力2项内源性驱动因素对协同行为与绩效的影响模型 M_2，依次添加政策环境、机制环境和市场环境3项外源性因子，观察添加之后原有路径系数的变化，据此探讨3项外源性因子的调节效应。使用的软件仍旧是Amos 22.0。

4.3.1 政策环境的调节作用检验

1. 政策环境对创新主体因素与协同创新行为的影响作用

将政策环境加入模型 M_2 中，使之对协同创新行为产生影响，形成模型 M_4。经过模型运行，观察路径系数的显著性，对模型变量的残差进行分析和修正，得到该模型的运行结果如图4.7所示。

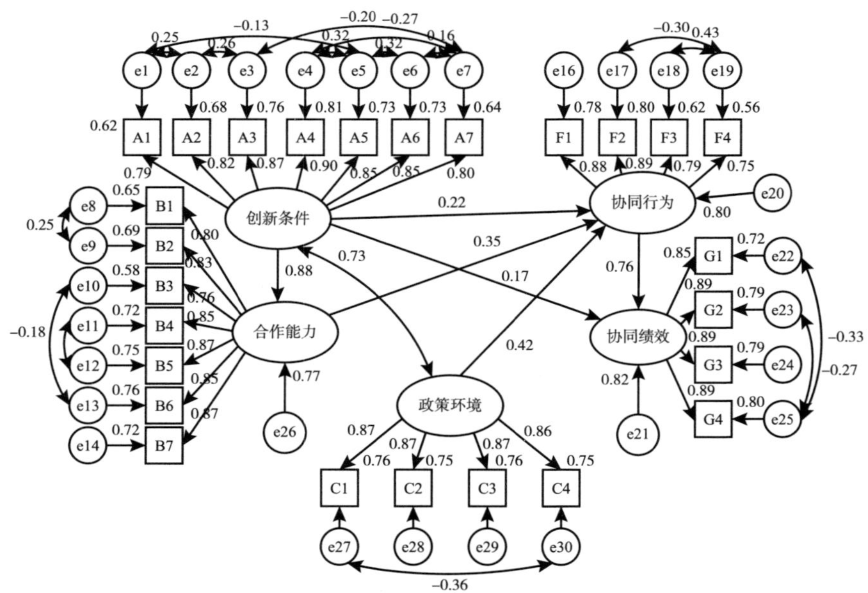

图4.7 政策环境对创新主体因素与协同创新行为的影响作用

对模型 M_4 的拟合优度的检验如表 4.16 所示。对照表 4.10 拟合优度指标判别标准进行对照，模型 M_4 的 X^2/df 值为 2.342，处于 1 和 3 之间，符合判别标准；GFI 和 AGFI 的值接近 0.9，CFI 和 TLI 的值大于 0.9，RMR 的值为 0.026，RMSEA 的值为 0.061，除 GFI 稍小于 0.9 外，其他各项数值均符合判别标准，因此可以认为此模型通过检验。

表 4.16　　模型 M_4 拟合优度指标数据

模型	X^2/df	GFI	AGFI	CFI	TLI	RMR	RMSEA
M_4	2.342	0.895	0.869	0.960	0.953	0.026	0.061

将模型 M_4 与未加入政策环境之前的模型 M_2 路径进行对比（表 4.17 所示），可以发现，创新条件对合作能力的影响稍有提高，创新条件对协同创新行为、合作能力对协同创新行为的路径值变小，说明政策环境对创新条件、合作能力与协同创新行为之间的关系具有调节作用。但不能因此说明具有负向调节作用，具体调节状况需根据单路径调节效应检验方可得出。

表 4.17　　加入政策环境前后模型的路径系数变化情况

潜变量关系	加入前路径系数	加入后路径系数	检验结果
合作能力←创新条件	0.859***	0.877***	提高
协同行为←合作能力	0.634***	0.350***	降低
协同行为←创新条件	0.257***	0.218**	降低

注：*** 为 $p<0.01$，** 为 $p<0.05$，* 为 $p<0.1$。

2. 单路径调节效应检验：创新条件与协同创新行为

由前文分析可知，政策环境由政策完善度、政策支持度、政策执行效率和政策透明度 4 项指标来综合测度。为了验证这些单独变量的调节效应，本部分进一步进行单路径检验。检验过程借鉴温忠麟的做法，基本步骤是：第一步，建立创新条件对协同创新行为的单路径模型，此时政策环境指标仍旧使用全部数据，没有变化。第二步，对前一步的路径模型进行分组检验，分为政策环境好和政策环境差两组。第三步，先将两组的结构方程回归系数限制为相等，得到一个 X^2 值和相应的自由度。然后去掉这个限制，重新估计模型，又得到一个 X^2 值和相应的自由度。第四步，用前面的 X^2 减去后面的 X^2 得到一个新的 X^2，其自由度就是两个模型的自由度之差。第五步，根据 X^2 值检验的显著性与否判断调节效应是否显著。如果 X^2 检验结果是统计显著的，那么调节效应显著，反之则不显著。

首先进行第一步，建立调节前的创新条件对协同创新行为的单路径模型，此时政策环境指标仍旧使用全部数据，没有变化。最佳模型 M_5 拟合结果如图 4.8 所示，模型 M_5 的拟合优度指标数据如表 4.18 所示。

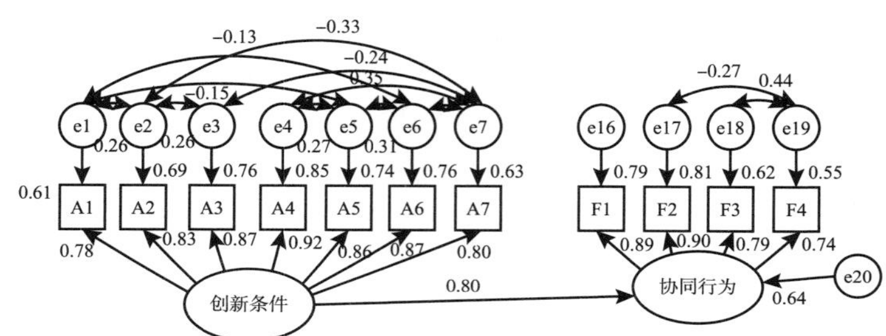

图 4.8　政策环境调节前创新条件对协同创新行为的单路径模型 M_5

表 4.18　模型 M_5 拟合优度指标数据

模型	路径系数	X^2/df	GFI	AGFI	CFI	TLI	RMR	RMSEA
M_5	0.798***	2.297	0.966	0.931	0.989	0.980	0.021	0.060

由图 4.8 可知，创新条件到协同创新行为的路径系数为 0.798，通过了 99% 置信度下的显著性检验，X^2/df、GFI、AGFI、CFI、TLI、RMR 和 RMSEA 的值均符合拟合优度标准，因此该模型是有效的。

（1）政策执行效率的调节检验。

进行第二、第三、第四步，将政策执行效率分为好和差两组，在结构方程回归系数限制为相等和不相等时分别得到一个 X^2 值和相应的自由度，再分别计算 X^2 值和自由度之差，最后根据计算结果判断政策执行效率的调节效应情况。政策执行效率好和差时的模型拟合结果见图 4.9、图 4.10，两个模型的拟合优度检验值见表 4.19，有限制和无限制的比较结果见表 4.20。

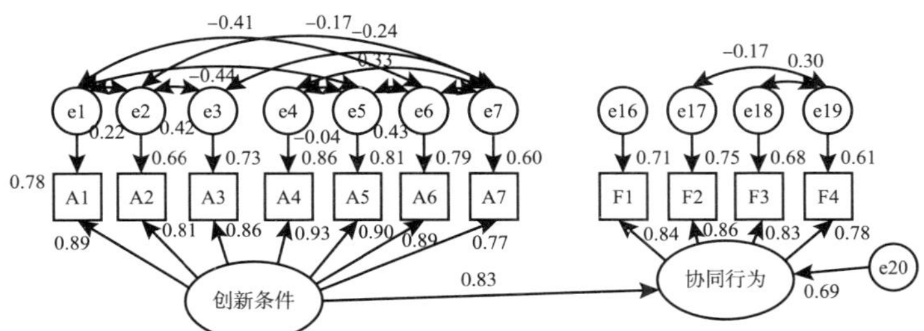

图 4.9　政策执行效率好时创新条件对协同创新行为的影响路径

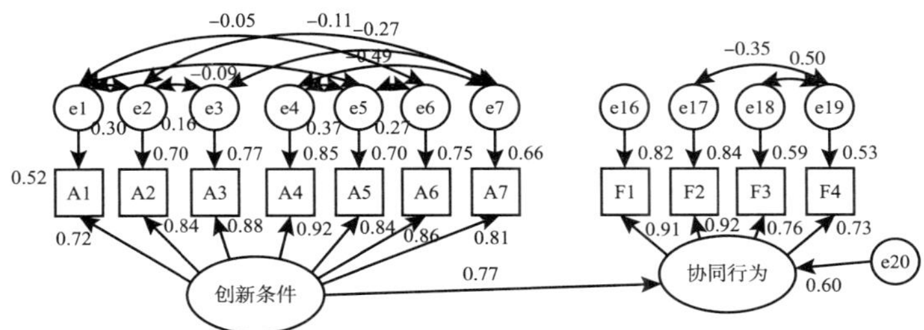

图 4.10　政策执行效率差时创新条件对协同创新行为的影响路径

表 4.19　政策执行效率对创新条件与协同创新行为影响的模型拟合优度指标数据

回归系数限制	路径系数	X^2/df	GFI	AGFI	CFI	TLI	RMR	RMSEA
无限制	0. 828	2. 213	0. 926	0. 875	0. 972	0. 955	0. 024	0. 052
有限制	0. 772	2. 254	0. 938	0. 872	0. 978	0. 963	0. 031	0. 059

表 4.20　回归系数有限制和无限制时的政策执行效率调节情况比较

Model	df 变化	CMIN 变化	CMIN/df	p
调整前后比较	9	24. 173	2. 686	0. 004

由表 4. 20 可知，对模型的结构方程系数限制为相等后，卡方值 CMIN 的改变量为 24. 173，自由度 df 的改变量为 9，$\frac{CMIN}{df}=\frac{24.173}{9}=2.686$ 的临

界值比率 $p<0.05$，可知卡方值改变量显著，因此可以判断，政策执行效率对于两个潜变量创新条件和协同创新行为的调节效应显著。

根据表4.19的数据进行基线比较，RMR、RMSEA合格，说明限制模型和无限制模型都有良好的模型拟合；GFI、AGFI、CFI、TLI等指标合格且在限制模型和无限制模型中有明显改变。同样观察路径系数，也有明显的改变，说明政策执行效率越高，创新条件对协同行为的促进作用越大，证明了政策执行效率的正向调节效应。

（2）政策支持度的调节检验。

使用刚才同样的方式，检验政策支持度对创新条件和协同创新行为的调节效应。由于情况相似，因此将政策支持度好和差时创新条件对协同创新行为的影响路径图省略，只显示两种情况时模型的拟合优度检验值及有限制与无限制调整前后的比较结果，如表4.21和表4.22所示。

表4.21　政策支持度对创新条件与协同创新行为影响的模型拟合优度指标数据

回归系数限制	路径系数	X^2/df	GFI	AGFI	CFI	TLI	RMR	RMSEA
无限制	0.796	2.205	0.921	0.857	0.960	0.949	0.031	0.056
有限制	0.774	2.186	0.939	0.871	0.978	0.966	0.037	0.067

表4.22　回归系数有限制和无限制时的政策支持度调节情况比较

Model	df 变化	CMIN 变化	CMIN/df	p
调整前后比较	9	22.265	2.474	0.033

表4.22中，卡方值改变量22.265，df改变量9，$\frac{CMIN}{df}=\frac{22.265}{9}=2.474$，其临界比率 $p<0.05$，表明卡方值改变量显著，因此可以判断，政策支持环境对于两个潜变量的调节效应显著。

根据表4.21的数据进行基线比较，RMR、RMSEA合格，说明限制模型和无限制模型都有良好的模型拟合；GFI、AGFI、CFI、TLI等指标合格且在限制模型和无限制模型中有明显改变。同样观察路径系数，也有明显的改变，政策支持度好时路径系数变大，说明政策支持度越好，创新条件对协同行为的促进作用越大，证明了政策支持度的正向调节效应。

使用相同步骤进行政策完善程度和政策透明度调节效应检验，也得出了相似结论。因此综合判断，由政策完善程度、政策支持程度、政策执行效率、政策透明度 4 项指标构成的政策环境正向调节创新条件对协同创新行为的影响。假设 H6a 得到支持。

3. 单路径调节效应检验：合作能力与协同创新行为

本部分进行政策环境影响下的合作能力与协同创新行为的单路径调节效应检验。检验过程与上一节相同，共 5 步。

（1）政策支持度的调节检验。

第一步，建立调节前的合作能力对协同创新行为的单路径模型，最佳模型 M_6 拟合结果如图 4.11 所示，模型 M_6 的拟合优度指标数据如表 4.23 所示。

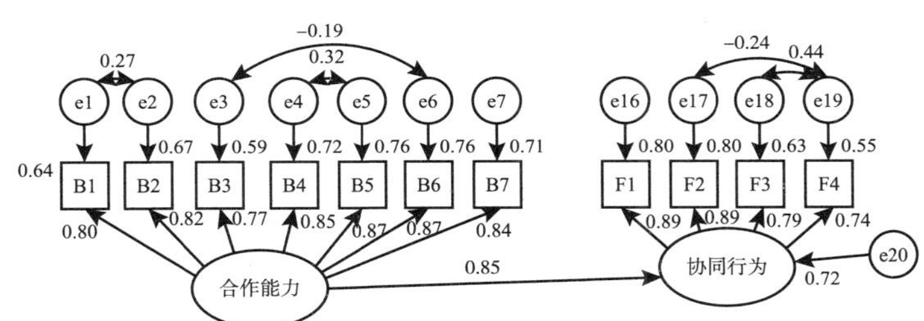

图 4.11　政策环境调节前合作能力对协同创新行为的单路径模型 M_6

表 4.23　模型 M_6 拟合优度指标数据

模型	路径系数	X^2/df	GFI	AGFI	CFI	TLI	RMR	RMSEA
M_6	0.849***	2.123	0.918	0.876	0.935	0.964	0.048	0.063

由表 4.23 可知，合作能力到协同创新行为的路径系数为 0.849，通过了 99% 置信度下的显著性检验，X^2/df、GFI、AGFI、CFI、TLI、RMR 和 RMSEA 的值均符合拟合优度标准，因此模型 M_6 是有效的。

进行第二、第三、第四步，将政策支持度分为好和差两组，在结构方程回归系数限制为相等和不相等时分别得到一个 X^2 值和相应的自由度，再分

别计算 X^2 值和自由度之差，最后根据计算结果判断政策执行效率的调节效应情况。政策支持度好和差时的模型拟合优度检验值见表 4.24，有限制和无限制的比较结果见表 4.25。

表 4.24 政策支持度对合作能力与协同创新行为影响的模型拟合优度指标数据

回归系数限制	路径系数	X^2/df	GFI	AGFI	CFI	TLI	RMR	RMSEA
无限制	0.869	2.211	0.890	0.834	0.960	0.959	0.043	0.056
有限制	0.823	2.249	0.899	0.854	0.969	0.946	0.031	0.062

表 4.25 回归系数有限制和无限制时的政策支持度调节情况比较

Model	df 变化	CMIN 变化	CMIN/df	p
调整前后比较	10	18.895	1.890	0.042

由表 4.25 可知，对模型的结构方程系数限制为相等后，卡方值 CMIN 的改变量为 18.895，自由度 df 的改变量为 10，$\frac{CMIN}{df}=\frac{18.895}{10}=1.890$，临界值比率 $p<0.05$，可知卡方值改变量显著，因此可以判断，政策支持度对于两个潜变量合作能力和协同创新行为的调节效应显著。

根据表 4.24 的数据进行基线比较，RMR、RMSEA 合格，说明限制模型和无限制模型都有良好的模型拟合；GFI、AGFI、CFI、TLI 等指标合格且在限制模型和无限制模型中有明显改变。同样观察路径系数，也有明显的改变，政策支持度高时路径系数大，说明支持度越高，合作能力对协同行为的促进作用越大，证明了政策支持度的正向调节效应。可以解释为，政策支持越好，对创新能力培养越有利，因此合作能力对协同行为的影响变大。

（2）政策执行效率的调节检验。

同样进行第二、第三、第四步，根据计算结果判断政策执行效率对合作能力和协同创新行为的调节效应情况。政策执行效率好和差时的模型拟合优度检验值见表 4.26，有限制和无限制的比较结果见表 4.27。

表 4.26　政策执行效率对合作能力与协同创新行为影响的模型拟合优度指标数据

回归系数限制	路径系数	X^2/df	GFI	AGFI	CFI	TLI	RMR	RMSEA
无限制	0.874	2.145	0.903	0.869	0.967	0.969	0.048	0.057
有限制	0.836	2.224	0.912	0.851	0.979	0.951	0.040	0.059

表 4.27　回归系数有限制和无限制时的政策执行效率调节情况比较

Model	df 变化	CMIN 变化	CMIN/df	p
调整前后比较	10	13.263	1.326	0.029

由表 4.27 可知，对模型的结构方程系数限制为相等后，卡方值 CMIN 的改变量为 13.263，自由度 df 的改变量为 10，$\frac{CMIN}{df}=\frac{13.263}{10}=1.326$ 的临界值比率 $p<0.05$，可知卡方值改变量显著，因此可以判断，政策执行效率对于两个潜变量合作能力和协同创新行为的调节效应显著。

根据表 4.26 的数据进行基线比较，RMR、RMSEA 合格，说明限制模型和无限制模型都有良好的模型拟合；GFI、AGFI、CFI、TLI 等指标合格且在限制模型和无限制模型中有明显改变。同样观察路径系数，也有明显的改变，政策执行效率高时路径系数大，说明政策执行效率越高，合作能力对协同行为的促进作用越大，证明了政策执行效率的正向调节效应。可以解释为，政策执行效率越高，对创新能力培养越有利，因此合作能力对协同行为的影响变大。

使用相同步骤进行政策完善程度和政策透明度的调节效应检验，也得出了相似结论。因此综合判断，由政策完善程度、政策支持程度、政策执行效率、政策透明度 4 项指标构成的政策环境正向调节合作能力对协同创新行为的影响。假设 H6b 得到支持。

4.3.2　机制环境的调节作用检验

1. 机制环境的整体调节效应检验

将机制环境加入模型 M_2 中，使之对协同创新行为产生影响，形成模型

M_7。经过模型运行，观察路径系数的显著性，对模型变量的残差进行分析和修正，得到模型 M_7 的运行结果如图 4.12 所示。

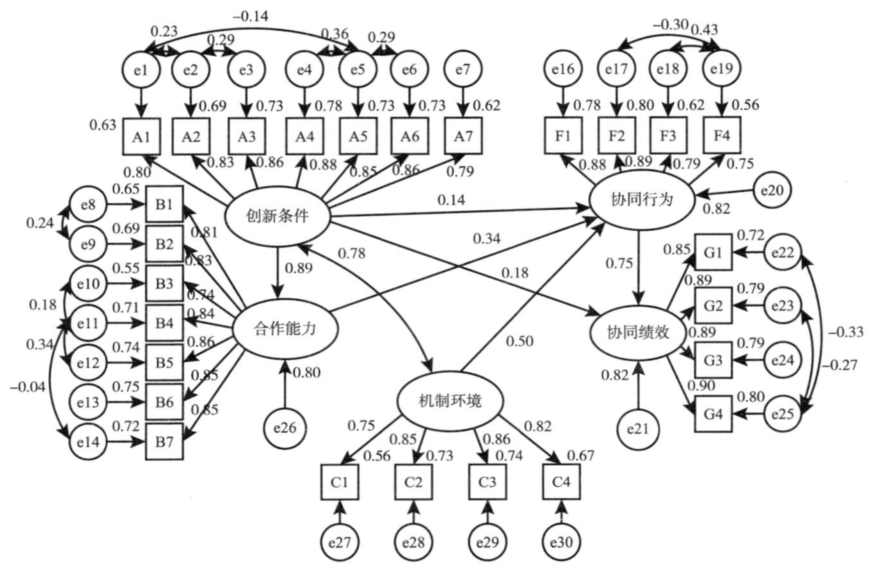

图 4.12　机制环境对创新主体因素与协同创新行为的影响作用

对模型 M_7 的拟合优度的检验如表 4.28 所示。对照表 4.10 拟合优度指标判别标准进行对照，X^2/df 值为 2.585，处于 1 和 3 之间，符合判别标准；GFI 值为 0.902，AGFI 值为 0.878，CFI 和 TLI 的值分别为 0.952 和 0.944，RMR 的值为 0.029，RMSEA 的值为 0.067，各项数值均符合判别标准，因此可以认为此模型通过检验。

表 4.28　　模型 M_7 拟合优度指标数据

模型	X^2/df	GFI	AGFI	CFI	TLI	RMR	RMSEA
M_7	2.585	0.902	0.878	0.952	0.944	0.029	0.067

将模型 M_7 与未加入机制环境之前的模型 M_2 路径进行对比，可以发现各项路径的数值发生了变化，如表 4.29 所示。其中创新条件对合作能力的路径值变大，创新条件对协同创新行为、合作能力对协同创新行为的路径值

变小。说明机制环境对创新条件、合作能力与协同创新行为之间的关系具有调节作用。但不能因此说明具有负向调节作用，具体调节状况需根据单路径调节效应检验方可得出。

表 4.29　　　　加入机制环境前后模型的路径系数变化情况

潜变量关系	加入前路径系数	加入后路径系数	检验结果
合作能力←创新条件	0.859 ***	0.894 ***	提升
协同行为←合作能力	0.634 ***	0.337 ***	降低
协同行为←创新条件	0.257 ***	0.142 *	降低

注：*** 为 $p<0.01$，** 为 $p<0.05$，* 为 $p<0.1$。

2. 单路径调节效应检验：创新条件与协同创新行为

机制环境由技术传播机制、风险投资机制、公共服务机制、创新文化机制 4 项指标来综合测度。为了验证这些单独变量的调节效应，需要进行单路径检验。使用与前文同样的方式，检验它们对创新条件和协同创新行为的调节效应。调节前的创新条件对协同创新行为的单路径模型仍旧为 M_5。

（1）风险投资的调节检验。

进行第二、第三、第四步，根据计算结果判断风险投资机制对创新条件和协同创新行为的调节效应情况。风险投资机制好和差时的模型拟合优度检验值见表 4.30，有限制和无限制的比较结果见表 4.31。

表 4.30　　　　风险投资机制对创新条件与协同创新行为影响的模型拟合优度指标数据

回归系数限制	路径系数	X^2/df	GFI	AGFI	CFI	TLI	RMR	RMSEA
无限制	0.851	2.254	0.932	0.877	0.986	0.969	0.038	0.054
有限制	0.771	2.038	0.946	0.863	0.973	0.961	0.030	0.059

表 4.31　　回归系数有限制和无限制时的风险投资机制调节情况比较

Model	df 变化	CMIN 变化	CMIN/df	P
调整前后比较	9	14.495	1.611	0.016

由表4.31可知，对模型的结构方程系数限制为相等后，卡方值CMIN的改变量为14.495，自由度df的改变量为9，$\frac{CMIN}{df}=\frac{14.495}{9}=1.611$的临界值比率$p<0.05$，可知卡方值改变量显著，因此可以判断，风险投资机制对于两个潜变量创新条件和协同创新行为的调节效应显著。

根据表4.30的数据进行基线比较，RMR、RMSEA合格，说明限制模型和无限制模型都有良好的模型拟合；GFI、AGFI、CFI、TLI等指标合格且在限制模型和无限制模型中有明显改变。同样观察路径系数，也有明显的改变，风险投资机制好时路径系数大，说明风险投资机制越好，创新条件对协同行为的促进作用越大，证明了风险投资机制的正向调节效应。可以解释为，风险投资机制越好，对创新条件的培育越有利，因此创新条件对协同创新行为的影响变大。

（2）公共服务机制的调节检验。

进行第二、第三、第四步，根据计算结果判断公共服务机制对创新条件和协同创新行为的调节效应情况。公共服务机制好和差时的模型拟合优度检验值见表4.32，有限制和无限制的比较结果见表4.33。

表4.32　公共服务机制对创新条件与协同创新行为影响的模型拟合优度指标数据

回归系数限制	路径系数	X^2/df	GFI	AGFI	CFI	TLI	RMR	RMSEA
无限制	0.824	1.763	0.943	0.893	0.985	0.977	0.029	0.046
有限制	0.763	1.979	0.954	0.877	0.981	0.971	0.022	0.052

表4.33　回归系数有限制和无限制时的公共服务机制调节情况比较

Model	df变化	CMIN变化	CMIN/df	p
调整前后比较	9	22.075	2.453	0.033

由表4.33可知，对模型的结构方程系数限制为相等后，卡方值CMIN的改变量为22.075，自由度df的改变量为9，$\frac{CMIN}{df}=\frac{22.075}{9}=2.453$的临

界值比率 $p<0.05$，可知卡方值改变量显著，因此可以判断，公共服务机制对于两个潜变量创新条件和协同创新行为的调节效应显著。

根据表 4.32 的数据进行基线比较，RMR、RMSEA 合格，说明限制模型和无限制模型都有良好的模型拟合；GFI、AGFI、CFI、TLI 等指标合格且在限制模型和无限制模型中有明显改变。同样观察路径系数，也有明显改变，公共服务机制好时路径系数大，说明公共服务机制越好，创新条件对协同行为的促进作用越大，证明了公共服务机制的正向调节效应。可以解释为，公共服务机制越好，对创新条件的培育越有利，因此创新条件对协同行为的影响变大。

使用相同步骤进行技术传播机制、创新文化机制的调节效应检验，也得出了相似结论。因此综合判断，由技术传播机制、风险投资机制、公共服务机制、创新文化机制 4 项指标构成的机制环境正向调节创新条件对协同创新行为的影响。假设 H7a 得到支持。

3. 单路径调节效应检验：合作能力与协同创新行为

本部分进行机制影响下的合作能力与协同创新行为的单路径调节效应检验。检验过程与上一节相同，共 5 步。

（1）创新文化机制的调节检验。

第一步，建立调节前的合作能力对协同创新行为的单路径模型，基础模型仍为 M_6。

进行第二、第三、第四步，根据计算结果判断创新文化机制对合作能力和协同创新行为的调节效应情况。创新文化机制好和差时的模型拟合优度检验值见表 4.34，有限制和无限制的比较结果见表 4.35。

表 4.34　创新文化机制对合作能力与协同创新行为影响的模型拟合优度指标数据

回归系数限制	路径系数	X^2/df	GFI	AGFI	CFI	TLI	RMR	RMSEA
无限制	0.873	2.561	0.901	0.834	0.956	0.949	0.057	0.066
有限制	0.846	2.642	0.906	0.828	0.958	0.946	0.039	0.068

表 4.35　　回归系数有限制和无限制时的创新文化机制调节情况比较

Model	df 变化	CMIN 变化	CMIN/df	p
调整前后比较	10	17.255	1.726	0.069

由表 4.35 可知，对模型的结构方程系数限制为相等后，卡方值 CMIN 的改变量为 17.255，自由度 df 的改变量为 10，$\frac{CMIN}{df}=\frac{17.255}{10}=1.726$ 的临界值比率 $p<0.1$，可知卡方值改变量显著，因此可以判断，创新文化机制对于两个潜变量合作能力和协同创新行为的调节效应显著。

根据表 4.34 的数据进行基线比较，RMR、RMSEA 合格，说明限制模型和无限制模型都有良好的模型拟合；GFI、AGFI、CFI、TLI 等指标合格且在限制模型和无限制模型中有明显改变。同样观察路径系数，也有明显的改变，创新文化机制好时路径系数大，说明创新文化机制越好，合作能力对协同行为的促进作用越大，证明了创新文化机制的正向调节效应。可以解释为，创新文化机制越好，对合作能力的提升越有利，因此合作能力对协同创新行为的影响变大。

（2）其他机制环境指标的调节检验。

使用相同步骤进行技术传播机制、风险投资机制、公共服务机制的调节效应检验，也得出了相似结论。因此综合判断，由技术传播机制、风险投资机制、公共服务机制、创新文化机制 4 项指标构成的机制环境正向调节合作能力对协同创新行为的影响。假设 H7b 得到支持。

4.3.3　市场环境的调节作用检验

1. 市场环境的整体调节效应检验

将市场环境加入模型 M_2 中，使之对协同创新行为产生影响，形成模型 M_8。经过模型运行，观察路径系数的显著性，对模型变量的残差进行分析和修正，得到模型 M_8 的运行结果如图 4.13 所示。

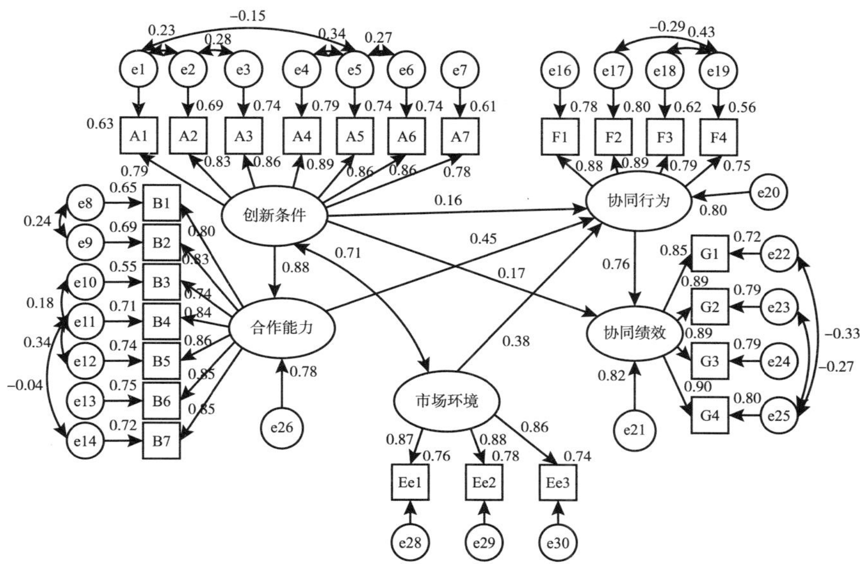

图 4.13　市场环境对创新主体因素与协同创新行为的影响作用

对模型 M_8 的拟合优度的检验如表 4.36 所示。对照表 4.10 拟合优度指标判别标准进行对照，X^2/df 值为 2.646，处于 1 和 3 之间，符合判别标准；GFI 值为 0.905，AGFI 值为 0.876，CFI 和 TLI 的值分别为 0.953 和 0.941，RMR 的值为 0.036，RMSEA 的值为 0.068，各项数值均符合判别标准，因此可以认为此模型通过检验。

表 4.36　　模型 M_8 拟合优度指标数据

模型	X^2/df	GFI	AGFI	CFI	TLI	RMR	RMSEA
M_8	2.646	0.905	0.876	0.953	0.941	0.036	0.068

将模型 M_8 与未加入市场环境之前的模型 M_2 路径进行对比可以发现，各项路径的数值发生了变化，如表 4.37 所示。其中创新条件对合作能力的路径值变大，创新条件对协同创新行为、合作能力对协同创新行为的路径值变小。说明市场环境对创新条件、合作能力与协同创新行为之间的关系具有调节作用。但不能因此说明具有负向调节作用，具体调节状况需根据单路径调节效应检验方可得出。

表 4.37　　加入市场环境前后模型的路径系数变化情况

潜变量关系	加入前路径系数	加入后路径系数	检验结果
合作能力←创新条件	0.859 ***	0.884 ***	提升
协同行为←合作能力	0.634 ***	0.451 ***	降低
协同行为←创新条件	0.257 ***	0.161 **	降低

注：*** 为 $p<0.01$，** 为 $p<0.05$，* 为 $p<0.1$。

2. 单路径调节效应检验：创新条件与协同创新行为

市场环境由行业规则、市场培育、创新需求 3 项指标来综合测度。为了验证这些单独变量的调节效应，需要进行单路径检验。使用与前文同样的方式，检验它们对创新条件和协同创新行为的调节效应。调节前的创新条件对协同创新行为的单路径模型仍旧为 M_5。

（1）市场培育机制的调节检验。

进行第二、第三、第四步，根据计算结果判断市场培育机制对创新条件和协同创新行为的调节效应情况。市场培育机制好和差时的模型拟合优度检验值见表 4.38，有限制和无限制的比较结果见表 4.39。

表 4.38　　市场培育机制对创新条件与协同创新行为影响的模型拟合优度指标数据

回归系数限制	路径系数	X^2/df	GFI	AGFI	CFI	TLI	RMR	RMSEA
无限制	0.863	1.922	0.941	0.896	0.988	0.973	0.049	0.054
有限制	0.793	2.136	0.947	0.884	0.980	0.966	0.036	0.059

表 4.39　　回归系数有限制和无限制时的市场培育机制调节情况比较

Model	df 变化	CMIN 变化	CMIN/df	p
调整前后比较	9	13.537	1.504	0.039

由表 4.39 可知，对模型的结构方程系数限制为相等后，卡方值 CMIN 的改变量为 13.537，自由度 df 的改变量为 9，$\frac{CMIN}{df}=\frac{13.537}{9}=1.504$ 的临

界值比率 $p<0.05$，可知卡方值改变量显著，因此可以判断，市场培育机制对于两个潜变量创新条件和协同创新行为的调节效应显著。

根据表 4.38 的数据进行基线比较，RMR、RMSEA 合格，说明限制模型和无限制模型都有良好的模型拟合；GFI、AGFI、CFI、TLI 等指标合格且在限制模型和无限制模型中有明显改变。同样观察路径系数，也有明显的改变，市场培育机制好时路径系数大，说明市场培育机制越好，创新条件对协同行为的促进作用越大，证明了市场培育机制的正向调节效应。可以解释为，市场培育机制越好，对创新条件的培育越有利，因此创新条件对协同创新行为的影响变大。

（2）市场创新需求的调节检验。

进行第二、第三、第四步，根据计算结果判断市场创新需求对创新条件和协同创新行为的调节效应情况。市场创新需求好和差时的模型拟合优度检验值见表 4.40，有限制和无限制的比较结果见表 4.41。

表 4.40　市场创新需求对创新条件与协同创新行为影响的模型拟合优度指标数据

回归系数限制	路径系数	X^2/df	GFI	AGFI	CFI	TLI	RMR	RMSEA
无限制	0.878	2.014	0.931	0.884	0.980	0.975	0.037	0.053
有限制	0.764	2.192	0.947	0.870	0.988	0.962	0.028	0.058

表 4.41　回归系数有限制和无限制时的市场创新需求调节情况比较

Model	df 变化	CMIN 变化	CMIN/df	p
调整前后比较	9	16.717	1.857	0.037

由表 4.41 可知，对模型的结构方程系数限制为相等后，卡方值 CMIN 的改变量为 16.717，自由度 df 的改变量为 9，$\frac{CMIN}{df}=\frac{16.717}{9}=1.857$ 的临界值比率 $p<0.05$，可知卡方值改变量显著，因此可以判断，市场创新需求对于两个潜变量创新条件和协同创新行为的调节效应显著。

根据表 4.40 的数据进行基线比较，RMR、RMSEA 合格，说明限制模型和无限制模型都有良好的模型拟合；GFI、AGFI、CFI、TLI 等指标合格且在限制模型和无限制模型中有明显改变。同样观察路径系数，也有明显改变，市场创新需求好时路径系数大，说明市场创新需求越好，创新条件对协同行为的促进作用越大，证明了市场创新需求的正向调节效应。可以解释为，市场创新需求越好，对创新条件的培育越有利，因此创新条件对协同行为的影响变大。

使用相同步骤进行行业规则的调节效应检验，也得出了相似结论。因此综合判断，由行业规则、市场培育机制、市场创新需求 3 项指标构成的市场环境正向调节创新条件对协同创新行为的影响。假设 H8a 得到支持。

3. 单路径调节效应检验：合作能力与协同创新行为

本部分进行市场环境影响下的合作能力与协同创新行为的单路径调节效应检验。检验过程与上一节相同，共 5 步。

（1）市场培育机制的调节检验。

第一步，建立调节前的合作能力对协同创新行为的单路径模型，基准模型为 M_6。

进行第二、第三、第四步，根据计算结果判断市场培育机制对合作能力和协同创新行为的调节效应情况。市场培育机制好和差时的模型拟合优度检验值见表 4.42，有限制和无限制的比较结果见表 4.43。

表 4.42　市场培育机制对合作能力与协同创新行为影响的模型拟合优度指标数据

回归系数限制	路径系数	X^2/df	GFI	AGFI	CFI	TLI	RMR	RMSEA
无限制	0.894	2.284	0.899	0.861	0.963	0.957	0.052	0.060
有限制	0.852	2.363	0.904	0.854	0.658	0.955	0.055	0.062

表 4.43　回归系数有限制和无限制时的市场培育机制调节情况比较

Model	df 变化	CMIN 变化	CMIN/df	p
调整前后比较	10	14.756	1.476	0.041

由表 4. 43 可知，对模型的结构方程系数限制为相等后，卡方值 CMIN 的改变量为 14. 756，自由度 df 的改变量为 10，$\frac{CMIN}{df}=\frac{14.756}{10}=1.476$ 的临界值比率 $p<0.05$，可知卡方值改变量显著，因此可以判断，市场培育机制对于两个潜变量合作能力和协同创新行为的调节效应显著。

根据表 4. 42 的数据进行基线比较，RMR、RMSEA 合格，说明限制模型和无限制模型都有良好的模型拟合；GFI、AGFI、CFI、TLI 等指标合格且在限制模型和无限制模型中有明显改变。同样观察路径系数，也有明显的改变，市场培育机制好时路径系数大，说明市场培育机制越好，合作能力对协同行为的促进作用越大，证明了市场培育机制的正向调节效应。可以解释为，市场培育机制越好，对创新能力培养越有利，因此合作能力对协同行为的影响变大。

（2）其他机制环境指标的调节检验。

使用相同步骤进行行业规则、市场创新需求的调节效应检验，也得出了相似结论。因此综合判断，由行业规则、市场培育机制、市场创新需求 3 项指标构成的市场环境正向调节合作能力对协同创新行为的影响。假设 H8b 得到支持。

4. 3. 4　高新技术企业的调节作用检验

本节尝试使用高新技术企业来调节合作能力对协同行为的影响作用，以探究企业性质对企业主体和协同创新行为的影响。

第一步，建立调节前的合作能力对协同创新行为的单路径模型，基准模型为 M_6。

进行第二、第三、第四步，将企业样本分为高新技术企业和非高新技术企业两组，在结构方程回归系数限制为相等和不相等时分别得到一个 X^2 值和相应的自由度，再分别计算 X^2 值和自由度之差，最后根据计算结果判断企业性质的调节效应情况。两个模型的拟合优度检验值见表 4. 44，有限制和无限制的比较结果见表 4. 45。

表 4.44 是否高新技术企业对合作能力与协同创新行为影响的模型拟合数据

回归系数限制	路径系数	X^2/df	GFI	AGFI	CFI	TLI	RMR	RMSEA
无限制	0.868	2.370	0.912	0.878	0.961	0.955	0.043	0.062
有限制	0.871	2.497	0.915	0.871	0.961	0.950	0.042	0.065

表 4.45 回归系数有限制和无限制时的企业性质调节情况比较

Model	df 变化	CMIN 变化	CMIN/df	P
调整前后比较	10	10.673	1.067	0.384

由表 4.45 可知，对模型的结构方程系数限制为相等后，卡方值 CMIN 的改变量为 10.673，自由度 df 的改变量为 10，$\frac{CMIN}{df}=\frac{10.673}{10}=1.067$ 的临界值比率 $p>0.05$，卡方值改变量不显著，因此可以判断，企业性质对于两个潜变量合作能力和协同创新行为的调节效应不显著。

根据表 4.44 的数据进行基线比较，RMR、RMSEA 合格，说明限制模型和无限制模型都有良好的模型拟合；GFI、AGFI、CFI、TLI 等指标在限制模型和无限制模型中并无明显改变，观察路径系数，也无明显的改变，同样证明了高新技术企业不显著影响合作能力对协同创新行为的促进作用。

由以上分析可知，不论是否为高新技术企业，合作能力对协同创新行为均会产生正向影响。或者说，是否为高新技术企业，并不能显著影响合作能力对协同创新行为的正向促进作用。因此，创新不是高新技术企业的专利，任何企业均可进行创新。

4.4 稳健性检验

为了验证本章前 3 节实证分析结果的准确性，本节使用层次回归分析法对前述实证过程进行稳健性检验。由于本章 4.2 节进行结构方程分析时使用了 $M_1 \sim M_8$ 模型标示，因此本节模型标号从 M_9 开始。另外，每项要素的测评指标有多个，因此在回归时对各项要素测评指标进行了平均化处理。

1. 内源性驱动因素对协同创新行为与协同创新绩效的影响

表 4.46 显示了创新条件对协同创新行为、创新条件对合作能力、合作能力对协同创新行为、创新条件对协同创新绩效、合作能力对协同创新绩效、协同创新行为对协同创新绩效影响的回归分析结果，具体模型由 M_9 ~ M_{14}所示，主要检验假设 H1、H2、H3、H4、H5、H9 的正确性。

表 4.46 创新条件、合作能力对协同创新行为与协同创新绩效的影响

	变量	协同创新行为	合作能力	协同创新行为	协同创新绩效	协同创新绩效	协同创新绩效
		M_9	M_{10}	M_{11}	M_{12}	M_{13}	M_{14}
	常数项	1.640*** (13.249)	1.019*** (9.229)	1.344*** (10.462)	1.530*** (11.039)	1.326* (8.879)	0.699*** (5.924)
自变量	创新条件	0.590*** (15.705)	0.766*** (22.877)		0.608*** (14.465)		
	合作能力			0.630*** (17.428)		0.621 (3.576)	
	协同创新行为						0.788*** (19.980)
检验值	R^2	0.409	0.595	0.460	0.370	0.180	0.529
	Adjusted R^2	0.408	0.594	0.459	0.368	0.178	0.527
	F 值	246.642***	323.346***	303.734***	209.248***	86.339	299.189***

注：* 表示 $p<0.1$，** 表示 $p<0.05$，*** 表示 $p<0.01$，括号中为 t 检验值。

模型 M_9 结果显示创新条件显著正向影响协同创新行为（$r=0.590$，$p<0.01$），因此假设 H1 通过验证；模型 M_{10}结果显示创新条件显著正向影响合作能力（$r=0.766$，$p<0.01$），因此假设 H2 通过验证；模型 M_{11}结果显示合作能力显著正向影响协同创新行为（$r=0.630$，$p<0.01$），因此假设 H3 通过验证；模型 M_{12}结果显示创新条件显著正向影响协同创新绩效（$r=0.608$，$p<0.01$），因此假设 H4 通过验证；模型 M_{13}结果显示合作能力对协同创新绩效无显著正向影响（$r=0.621$，$p>0.1$），因此假设 H5 未通过验证；模型 M_{14} 结果显示协同创新行为显著正向影响协同创新绩效（r =

0.788，$p<0.01$），因此假设H9通过验证。各项假设检验结果与前文研究所得结论一致。

2. 合作能力与协同创新行为中介效应检验

本书根据温忠麟等提出的中介作用检验步骤对合作能力与协同创新行为进行中介作用检验（原理见图4.14），检验结果列入表4.47。由表4.47可知，除合作能力→协同创新绩效的系数c和c′不显著外，其他系数均显著，所以合作能力在创新条件与协同创新行为之间发挥部分中介作用，协同创新行为在创新条件与协同创新绩效之间发挥部分中介作用，协同创新行为在合作能力与协同创新绩效之间发挥完全中介作用，假设H3′、H9a和H9b得到验证。各项假设检验结果与前文研究所得结论一致。

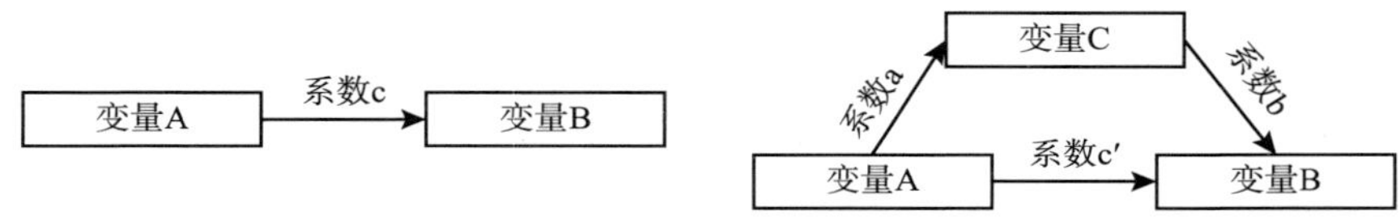

图4.14　变量C的中介效应原理

表4.47　合作能力与协同创新行为中介效应检验

检验过程	系数c	中介变量	系数a	系数b	系数c′	中介作用	假设	是否支持
创新条件→协同创新行为	0.590***	合作能力	0.656***	0.633***	0.427***	部分中介作用	H3′	支持
创新条件→协同创新绩效	0.608***	协同创新行为	0.689***	0.632***	0.531***	部分中介作用	H9a	支持
合作能力→协同创新绩效	0.621	协同创新行为	0.630***	0.788***	0.601	完全中介作用	H9b	支持

注：* 表示 $p<0.1$，** 表示 $p<0.05$，*** 表示 $p<0.01$。

3. 外源性驱动因素的调节效应检验

对H6、H6a、H6b、H7、H7a、H7b、H8、H8a、H8b进行检验，主要包括模型$M_{15}\sim M_{28}$，其中$M_{15}\sim M_{21}$分别检验政策环境、机制环境、市场环境对创新条件与协同创新行为的调节作用，$M_{22}\sim M_{28}$分别检验政策环境、机制环境、市场环境对合作能力与协同创新行为的调节作用。同样，每项外源性驱动因素的测评指标有多个，因此在回归时对各项要素测评指标进行了平均化处理。建立主影响模型 M_{15} 和 M_{22}，同时建立含交互变量的模型 M_{16} ~ M_{21}、M_{23} ~ M_{28} 以检验调节作用是否显著，如表 4.48、表 4.49 所示。

表 4.48　外源性驱动因素对创新条件与协同创新行为的调节作用检验

自变量	M_{15}	M_{16}	M_{17}	M_{18}	M_{19}	M_{20}	M_{21}
常数项	1.640*** (13.249)	0.929*** (7.172)	2.024*** (4.044)	0.846*** (6.807)	2.159*** (4.417)	1.001*** (8.244)	2.157*** (4.724)
创新条件	0.590*** (15.705)	0.373*** (9.490)	0.122* (1.137)	0.260*** (6.155)	0.153* (3.990)	0.254*** (5.730)	0.106 (4.734)
政策环境		0.397*** (10.184)	0.297* (1.705)				
机制环境				0.546*** (11.889)	0.161* (1.104)		
市场环境						0.491*** (11.089)	0.156 (1.159)
创新条件×政策环境			0.094** (2.264)				
创新条件×机制环境					0.118*** (2.775)		
创新条件×市场环境							0.101*** (2.625)
显著性检验	拟合优度及其变化						
R^2	0.409	0.543	0.549	0.577	0.586	0.561	0.570
Adjusted R^2	0.408	0.540	0.546	0.575	0.583	0.559	0.566
F	246.642***	210.756***	143.846***	242.611***	167.360***	246.642***	156.180***
ΔR^2		0.112	0.007	0.134	0.009	0.152	0.008
ΔF		135.414	5.127	146.611	7.705	122.972	6.889

续表

显著性检验	M_{15}	M_{16}	M_{17}	M_{18}	M_{19}	M_{20}	M_{21}
df_1		1	2	1	2	1	2
df_2		355	354	355	354	355	354
ΔSig. F		0. 000	0. 024	0. 000	0. 006	0. 000	0. 009

注：* 表示 p<0. 1，** 表示 p<0. 05，*** 表示 p<0. 01，括号中为 t 检验值。

表 4. 49　外源性驱动因素对合作能力与协同创新行为的调节作用检验

自变量	M_{22}	M_{23}	M_{24}	M_{25}	M_{26}	M_{27}	M_{28}
常数项	1. 344 *** (10. 462)	0. 950 *** (7. 263)	2. 472 *** (4. 411)	0. 758 *** (6. 070)	2. 186 *** (4. 069)	0. 896 *** (7. 295)	2. 159 *** (4. 318)
合作能力	0. 630 *** (17. 428)	0. 406 *** (9. 004)	0. 122 * (1. 195)	0. 310 *** (7. 092)	0. 099 (1. 637)	0. 311 *** (6. 831)	0. 147 (1. 326)
政策环境		0. 331 *** (7. 453)	0. 206 (1. 650)				
机制环境				0. 501 *** (10. 617)	0. 071 * (1. 436)		
市场环境						0. 445 *** (9. 858)	1. 171 (1. 469)
合作能力×政策环境			0. 123 *** (2. 791)				
合作能力×机制环境					0. 120 *** (2. 731)		
合作能力×市场环境							0. 103 *** (2. 606)
显著性检验	拟合优度及其变化						
R^2	0. 460	0. 533	0. 543	0. 590	0. 599	0. 576	0. 584
Adjusted R^2	0. 459	0. 531	0. 540	0. 588	0. 595	0. 574	0. 581
F	303. 734 ***	202. 909 ***	140. 455 ***	255. 877 ***	176. 174 ***	241. 492 ***	165. 885 ***
ΔR^2		0. 073	0. 010	0. 130	0. 008	0. 116	0. 008
ΔF		55. 546	7. 789	112. 710	7. 458	97. 186	6. 791

续表

显著性检验	M_{22}	M_{23}	M_{24}	M_{25}	M_{26}	M_{27}	M_{28}
df_1		1	2	1	2	1	2
df_2		355	354	355	354	355	354
ΔSig. F		0.000	0.006	0.000	0.007	0.000	0.009

注：* 表示 $p<0.1$，** 表示 $p<0.05$，*** 表示 $p<0.01$，括号中为 t 检验值。

由表 4.48 可知，在 M_{15} 的基础上，分别加入政策环境、机制环境、市场环境及其与创新条件的交互项后，M_{16}、M_{18}、M_{20} 与 M_{15} 相比，拟合优度 R^2 提高，说明政策环境、机制环境和市场环境正向影响协同创新行为，假设 H6、H7、H8 成立；再将 M_{17}、M_{19}、M_{21} 与 M_{15} 相比，拟合优度 R^2 提高，交互项对协同创新行为的影响显著（$P<0.05$），说明政策环境、机制环境和市场环境增强创新条件对协同创新行为的促进作用，假设 H6a、H7a、H8a 成立。各项假设检验结果与前文研究所得结论一致。

由表 4.49 可知，在 M_{22} 的基础上，分别加入政策环境、机制环境、市场环境及其与创新条件的交互项后，M_{23}、M_{25}、M_{27} 与 M_{22} 相比，拟合优度 R^2 提高，同样说明政策环境、机制环境和市场环境正向影响协同创新行为，假设 H6、H7、H8 成立；再将 M_{24}、M_{26}、M_{28} 与 M_{22} 相比，拟合优度 R^2 提高，交互项对协同创新行为的影响显著（$P<0.05$），说明政策环境、机制环境和市场环境增强合作能力对协同创新行为的促进作用，假设 H6b、H7b、H8b 成立。各项假设检验结果与前文研究所得结论一致。

4.5 实证结果讨论

通过本章前几节的实证分析，可得出以下几个结论：

（1）企业协同创新网络内源性驱动因素创新条件和合作能力对企业网络协同创新行为与协同创新绩效的影响各不相同。创新条件对企业网络协同创新行为与协同创新绩效均产生直接影响，并经由合作能力、协同创新行为对协同创新绩效产生间接影响；而合作能力只对企业网络协同创新行为产生直接影响，然后经由企业网络协同创新行为对协同创新绩效产生间接影响；

从路径系数来看，创新条件对企业网络协同创新行为的影响小于合作能力对企业网络协同创新行为的影响。

（2）企业协同创新网络外源性驱动因素政策环境、机制环境和市场环境均对企业网络协同创新行为产生影响作用，但影响程度不同，市场环境最大，其次是机制环境，最后是政策环境。

（3）政策环境、机制环境和市场环境均对创新条件与协同创新行为、合作能力与协同创新行为产生正向调节效应，虽然调节程度各不相同，但与创新主体自身因素相结合，能够大大促进企业网络的协同创新行为，进而提升企业网络协同创新绩效。

（4）是否为高新技术企业不能调节合作能力与协同创新行为，证明创新不是高新技术企业的专利，任何企业均可进行创新。此结果推翻了前言中提到的只有高新技术产业领域才可进行创新的错误观点。另外，本书用于实证的样本有大企业也有小企业，得出的结论也适用于所有规模的企业及其协同创新网络，证明依赖大企业或大项目才能促进企业网络协同创新快速发展的认识是错误的。

（5）本书采用分层回归的方式进行了稳健性检验，检验步骤包括：内源性驱动因素对协同创新行为与协同创新绩效的影响、合作能力与协同创新行为中介效应检验、外源性驱动因素的调节效应检验。检验结果与前文静态实证分析的结果一致，说明本书的实证分析满足稳健性要求，因此分析所得结论是可靠的。

（6）本书的假设 H5 合作能力正向影响企业网络协同创新绩效未通过实证检验，从理论上分析，合作能力是企业网络协同创新主体之间协同互动的能力，此能力高必然会促进创新主体间的协同创新行为强度与质量，行为的结果才是协同创新绩效，正好可以印证合作能力不能对企业网络协同创新绩效产生直接影响的实证检验结果，因此假设 H5 未通过实证检验可以解释。

4.6 本章小结

本章对企业网络协同创新要素作用机理进行了静态实证分析。

首先分别验证了内源性驱动因素、外源性驱动因素对企业网络协同创新行为和协同创新绩效的影响作用，其次检验了政策环境、机制环境和市场环境对创新主体因素和协同创新行为的调节作用，最后分析了是否为高新技术企业能否影响企业的协同创新行为。

3 类外部环境变量对企业协同创新绩效的总影响效应值各不相同，市场环境最大，其次是机制环境，最后是政策环境；3 类外部环境变量均对创新条件与协同创新行为、合作能力与协同创新行为产生调节作用；是否为高新技术企业不能调节合作能力与协同创新行为，证明创新不是高新技术企业的专利，任何企业均可进行创新；创新也不是大企业或大项目的专利。

通过实证分析可知，本书第 3 章提出的 19 项假设，除了假设 H5 不能成立外，其他假设均通过了显著性检验，假设成立。笔者所做的假设均是在考虑已有研究成果、充分进行理论论证的基础上所提出，实证结果也证明笔者的绝大多数分析是正确的。研究假设的验证情况如表 4. 50 所示。

表 4. 50　本书研究假设的验证情况

理论假设	假设验证情况
H1：创新条件正向影响企业网络协同创新行为。	成立
H2：创新条件正向影响企业协同创新网络合作能力。	成立
H3：合作能力正向影响企业网络协同创新行为。	成立
H3′：合作能力在创新条件和协同创新行为之间起中介作用。	成立
H4：创新条件正向影响企业网络协同创新绩效。	成立
H5：合作能力正向影响企业网络协同创新绩效。	不成立
H6：政策环境正向影响企业网络成员的协同创新行为。	成立
H6a：政策环境正向调节创新条件对协同创新行为的影响。	成立
H6b：政策环境正向调节合作能力对协同创新行为的影响。	成立
H7：机制环境越完善，越有利于企业网络成员间的协同创新行为。	成立
H7a：机制环境正向调节创新条件对协同创新行为的影响。	成立
H7b：机制环境正向调节合作能力对协同创新行为的影响。	成立
H8：市场环境越完善，越有利于企业网络成员间的协同创新行为。	成立

续表

理论假设	假设验证情况
H8a：市场环境正向调节创新条件对协同创新行为的影响。	成立
H8b：市场环境正向调节合作能力对协同创新行为的影响。	成立
H9：协同创新行为正向影响企业网络的协同创新绩效。	成立
H9a：协同创新行为在创新条件和协同创新绩效之间起中介作用。	成立
H9b：协同创新行为在合作能力和协同创新绩效之间起中介作用。	成立

第5章

企业网络协同创新要素作用机理动态模拟仿真

前文通过扎根理论质性分析获得了企业网络协同创新7类创新要素，静态实证验证了这7类创新要素的相互作用关系。但是，企业网络协同创新要素所构成的创新系统呈现复杂系统的特征，其规模庞大、结构复杂，要素之间不是简单的因果或条件关系，而是彼此作用，相互影响、相互渗透，呈现出复杂的运动规律，共同促进企业协同创新网络不断发展。因此，这种结构关系下协同创新网络成员对内外源驱动因素的策略反应是否稳定或者是否可以预期，无法像传统的系统工程管理那样，通过建立精确的决策模型来进行，它需要选择适当合理的视角作相应推演。基于此种原因，本章拟从经验性假设出发，以行动者网络理论和协同演化理论为指导，选择系统动力学分析方法来对此系统进行分析，以期获得有益的研究结论。

5.1 仿真模型构建

5.1.1 建模的原则、过程与目的

系统动力学（system dynamics）是1956年由美国麻省理工学院教授弗里斯特（Forrester）最早提出，一种对社会经济问题进行系统分析的方法论和定性与定量相结合的分析方法。系统动力学认为，系统的行为模式与特性主要地取决于其内部的动态结构与反馈机制，系统在内外动力和制约因素的

作用下按一定的规律发展和演化。其基本特点是：第一，系统动力学从系统的微观结构入手研究系统，根据系统结构与功能的相互作用构造系统的模型，把可测量的动态变化趋势和数据与不可测量的系统内部关系联系起来。第二，系统动力学把一切社会经济系统的运动都假想成流体的运动。各种组织系统、经济系统和社会系统，事实上所有的系统都是由单元的耦合、单元的运动和信息的反馈组成的。第三，通过分析主要回路的性质获得对系统的结构与动态趋势的进一步认识，并依次对系统进行分类和简化，以便明确地认识和体现系统内部、外部的因素及其因素间的相互关系。第四，系统动力学特别适合于研究处理高阶数、多回路、非线性的复杂系统问题，尤其善于处理精度要求不高的复杂系统问题。

1. 建模原则

企业协同创新网络是一个微观生态系统。在一个完整的自然生态系统中，生物成分和非生物成分缺一不可。在创新生态系统中，同样也存在着“生物成分”和“非生物成分”。因此，企业网络协同创新的建模应在遵循系统动力学建模规律的基础上，同时把握自身规律。所以，本书在对企业网络协同创新建模时应该把握以下几个原则：

首先，由宏观结构切入，综合考虑微观因素。在建模过程中，本书既要考虑企业网络协同创新的 7 类要素，建立总体系统动力学框架图，同时考虑子系统的微观动力学循环图。

其次，精简模型结构。理论上，我们在对企业网络协同创新进行模拟的时候，应该尽力贴近现实。事实上，企业网络协同创新是涉及很多因素的复杂系统，如果力求完全贴近现实，其结果一定是结构模型十分庞大，也不可能实现，因此需在贴近现实的基础上进行一定程度的结构精简。

最后，努力贴近现实。这里所说的贴近现实，不是指企业网络协同创新的现实再现，而是指我们在建模过程中，在指标选取、因果关系图的绘制以及流图的构建应该力求贴近现实，这样可以使我们所建的模型更好地拟合现实系统，增加结果的可信度。

2. 建模过程

系统动力学的建模有其固有的过程，所以我们在对企业网络协同创新进行建模时，可以遵循以下步骤：

首先，对企业网络协同创新现状进行实地调研，并查阅相关资料，从而对其有深入了解。

其次，使用 Vensim DSS 软件，在调研的基础上，进行关键要素分析，根据分析结果，确定系统结构，刻画因果关系图。

最后，在因果关系图的基础上形成系统流图，并根据之前调研分析结果，进行方程和参数设置，建立仿真模型；之后对模型进行检验，验证其与现实的拟合程度后，进行仿真实验，并据此对企业网络协同创新治理策略进行分析。

3. 建模目的

通过对企业网络协同创新要素作用机理进行建模和仿真实验，本章试图解决以下 3 个问题：

第一，内源性驱动因素、协同创新行为与协同创新绩效的变化及影响。通过仿真观察内源性驱动因素即创新条件和合作能力、协同创新过程与结果因素即协同创新行为与协同创新绩效的变化情况，对比它们的变化快慢，在此基础上分析这几大要素之间的动态影响关系及其影响机理。

第二，外源性驱动因素对协同创新行为与协同创新绩效的变化及影响。通过仿真观察外源性驱动因素即政策环境、机制环境与市场环境仿真的变化情况，对比 3 因素与协同创新行为、协同创新绩效的变化快慢，分析这几大要素之间的动态影响关系，分析 3 因素对协同创新行为与协同创新绩效的影响机理。

第三，驱动因素及创新阻力强度变化对协同创新行为与绩效的影响。分别对内外源驱动因素和创新阻力的影响进行敏感性分析，探讨它们在不同输入强度情况下对协同创新行为与绩效的变化情况及具体影响结果。通过对模拟仿真结果的分析，为企业网络协同创新治理策略体系的设计提供理论依据。

5.1.2　企业网络协同创新要素因果关系分析

本部分建立反映企业网络协同创新要素作用机理的系统动力学仿真模型，此模型包括内外源驱动因素与协同创新行为、协同创新绩效的总体循环系统，揭示各类创新要素复杂的相互作用机理和反馈关系，帮助企业认识企业网络协同创新的决策机理。分析工具为系统动力学仿真专用软件 Vensim DSS。

本节构建的企业网络协同创新要素的系统动力学因果关系图是在第 4 章静态分析的基础上所形成，其中各变量之间的逻辑关系已经过实证检验。最终形成的因果关系图如图 5.1 所示。

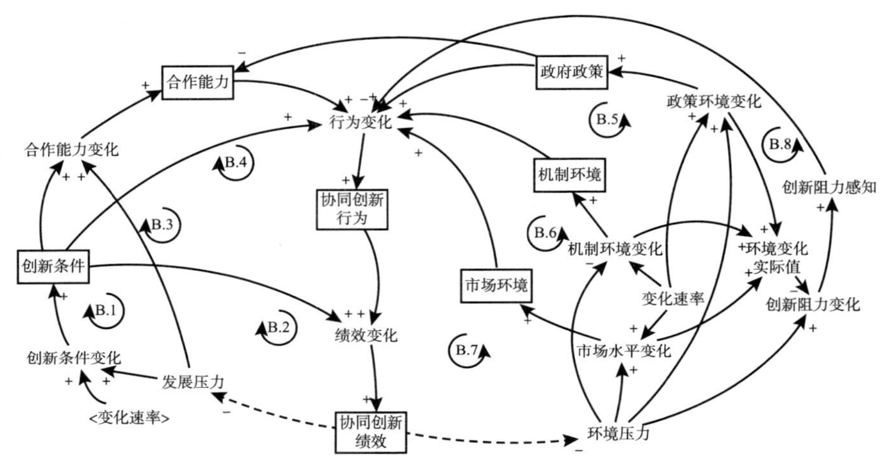

图 5.1　企业网络协同创新要素因果关系

图 5.1 中，企业网络协同创新行为驱动因素分为 5 项，即创新条件、合作能力、政策环境、机制环境、市场环境，其中政策环境和机制环境属于宏观因素，市场环境属于中观因素，其他 2 类属于微观因素。这 5 类因素又形成内源性驱动力（创新条件、合作能力）、外源性驱动力（政策环境、机制环境与市场环境）两类动力因素，共同作用于企业网络协同创新行为与协同创新绩效。

在图 5.1 所示的因果关系中，箭头表示因果关系，正负号表示正效应或负效应。包括两类反馈系统，正反馈系统（也被称为“增强回路”，用 R 表示）和负反馈系统（也被称为“平衡回路”，用 B 表示）。在正反馈系统中，系统的输出持续增长，而负反馈中系统能够在运行中不断地进行自我约束和控制。区分正负反馈的一般原则是：如果负因果链的数目为偶数，回路为正，叫正反馈回路；如果负因果链的数目为奇数，回路为负，叫负反馈回路。在这个系统结构中，共有 8 个主要的反馈回路，各个回路反馈关系如下：

（1）发展压力→创新条件变化→创新条件→合作能力变化→合作能力→行为变化→协同创新行为→绩效变化→协同创新绩效（平衡回路 B.1）。

这是企业网络协同创新要素的主要循环回路，在内源性驱动力创新条件与合作能力的作用下推动企业网络协同创新行为发展和创新绩效提升，即发展压力使企业网络主体努力改善创新条件，创新资源得以获取，提升合作能力，进而使协同创新行为增强，创新绩效得到提升，但创新绩效提升后会减弱发展压力的影响，因而形成负反馈系统。

（2）发展压力→创新条件变化→创新条件→绩效变化→协同创新绩效（平衡回路 B.2）。

这是主要由创新条件作用的企业网络协同创新要素循环回路，在创新条件的作用下推动企业网络协同创新绩效提升，即发展压力促使企业网络主体改善创新条件，创新资源得以获取，创新绩效得到提升，但创新绩效提升后会减弱发展压力的影响，因而形成负反馈系统。

（3）发展压力→合作能力变化→合作能力→行为变化→协同创新行为→绩效变化→协同创新绩效（平衡回路 B.3）。

这是主要由合作能力作用的企业网络协同创新要素循环回路，即发展压力促使企业网络主体提升合作能力，增强协同创新行为，推动创新绩效提升，但创新绩效提升后会减弱发展压力的影响，因而形成负反馈系统。

（4）发展压力→创新条件变化→创新条件→行为变化→协同创新行为→绩效变化→协同创新绩效（平衡回路 B.4）。

这是主要由创新条件作用的企业网络协同创新要素循环回路，在创新条件的作用下推动企业网络协同创新行为发展和创新绩效提升，即发展压力促使企业网络主体改善创新条件，创新资源得以获取，协同创新行为得以增强，创新绩效得到提升，但创新绩效提升后会减弱发展压力的影响，因而形成负反馈系统。

（5）环境压力→政策环境变化→政府政策→行为变化→协同创新行为→绩效变化→协同创新绩效（平衡回路 B.5）。

这是外源性动力因素政策环境作用下的企业网络协同创新要素循环回路，即环境压力降低使政府改进创新政策，促使协同创新行为增强，创新绩效得到提升，但创新绩效提升后会增加环境压力的影响，因而形成负反馈系统。另外政府政策还会对创新阻力产生影响，从而对协同创新行为的变化产生影响。

（6）环境压力→机制环境变化→机制环境→行为变化→协同创新行为→绩效变化→协同创新绩效（平衡回路 B.6）。

这是外源性动力因素机制环境作用下的企业网络协同创新要素循环回路，即环境压力降低促使机制环境增强，进而使协同创新行为增强，创新绩效得到提升，但创新绩效提升后会增加环境压力的影响，因而形成负反馈系统。另外机制环境还会对创新阻力产生影响，从而对协同创新行为的变化产生影响。

（7）环境压力→市场环境变化→市场环境→行为变化→协同创新行为→绩效变化→协同创新绩效（平衡回路 B.7）。

这是外源性动力因素市场环境作用下的企业网络协同创新要素循环回路，即环境压力降低使市场环境变化，促使市场环境增强，进而使协同创新行为增强，创新绩效得到提升，但创新绩效提升后会增加环境压力的影响，因而形成负反馈系统。市场环境还会对创新阻力产生影响，从而对协同创新行为的变化产生影响。

（8）环境压力→创新阻力变化→创新阻力感知→行为变化→协同创新行为→绩效变化→协同创新绩效（平衡回路 B.8）。

这是对受外源性动力因素影响的创新行为阻力回路，此回路的存在会减弱外部环境因素对协同创新行为的影响。即环境压力增强使创新阻力变大，增强创新阻力感知，进而抑制协同创新行为，限制绩效得到提升。但创新绩效降低后会降低环境压力的影响，因而形成负反馈系统。

5.1.3　企业网络协同创新要素作用机理流图设定

1. 系统流图

图 5.1 所示的因果关系表明了各类驱动因素对企业协同创新行为与协同创新绩效的影响机制与反馈关系，但此图未表明系统中各变量的性质，因而需进一步建立系统流图，对系统中各类变量的性质进行界定，进一步细化系统变量之间的逻辑关系。本节在图 5.1 的基础上，构建企业网络协同创新要素作用机理流图（见图 5.2），用来分析各驱动因素对协同创新行为和协同创新绩效的影响。

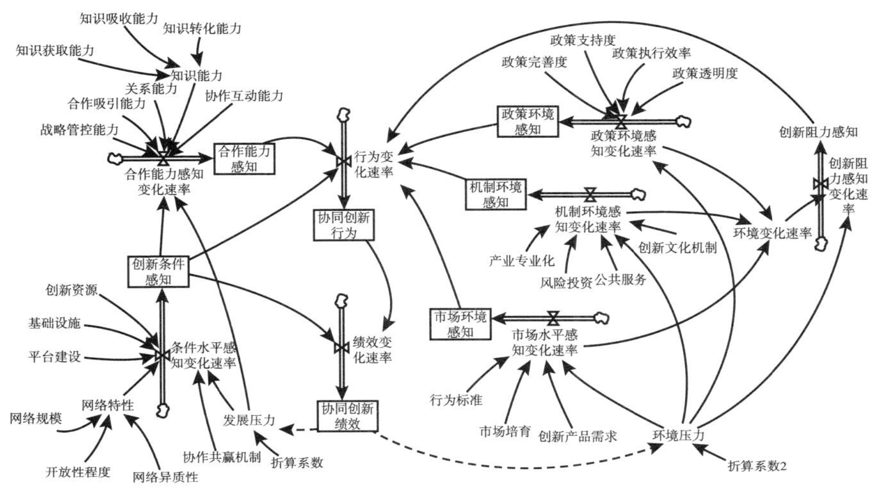

图 5.2　企业网络协同创新要素作用机理流

在流图设定时，企业网络协同创新行为均是以创新主体对内源性动力和外源性动力的信息感知为基础进行判断、分析和决策，但判断和决策需要时间，导致系统流图中的各主要变量有一定的信息延迟，因此本书在构建企业协同创新网络创新要素作用系统流图时，建立的是以信息延迟为基础的自适应预期系统流图。

2. 模型参数构成

图 5.2 企业网络协同创新要素作用机理流图中包含几类不同形式的变量，不同变量具有不同的性质，包括水平变量（Level）、速率变量（Rate）、辅助变量（Auxiliary）和常量，水平变量是反映系统状态的变量，表示能量、物质、信息等的时间积累；速率变量反映了变量变化幅度的大小，表明水平变量变化的速度；辅助变量是一种中间变量，对水平变量与速率变量形成过程进行辅助，从而对系统流程与决策更加明晰。该图中包含 9 个水平变量，8 个速率变量，5 个辅助变量，27 个常量，总计 48 个变量。其中创新条件、合作能力、协同创新行为、协同创新绩效、政策环境、机制环境、市场环境、环境压力、创新阻力为水平变量，用 L 表示；创新条件变化、合作能力变化、协同创新行为变化、协同创新绩效变化、政策环境变化、机制环境变化、市场环境变化、创新阻力变化为速率变量，用 R 表示；网络特

性、知识能力、发展压力、环境压力、环境变化速率为辅助变量，用 A 表示；其他变量为常数量，用 C 表示。另外，由于本书使用的内外源驱动因素共 5 个水平变量均为信息感知变量，为了形象表达其内涵，在对这些变量进行命名时特意在末端加入“感知”二字。另外，除了内外源驱动因素影响协同创新行为与绩效外，系统中还存在创新阻力，是由外源性驱动因素以及环境压力共同作用所形成，对其命名为“创新阻力感知”。流图中相应速率变量也在其后加“感知”二字。

为了清晰反映知识获取系统各变量之间的因果关系，在流图的绘制过程中对变量采取的是中文命名。但在系统动力学方程表述时，为了简化工作复杂程度和理解难度，本书将用英文缩写对变量进行重新命名。流图及方程式中的各符号及含义见表 5.1、表 5.2。

表 5.1　　模型内外源驱动因素变量表示及含义

内源性驱动因素				外源性驱动因素			
序号	变量符号	变量含义	变量类型	序号	变量符号	变量含义	变量类型
1	cond	创新条件感知	L	1	policy	政策环境感知	L
2	c - rate	创新条件变化	R	2	p - rate	政策环境变化	R
3	reso	创新资源质量	C	3	perf	政策完善度	C
4	faci	创新基础建设	C	4	supp	政策支持度	C
5	plat	创新平台建设	C	5	effi	政策执行效率	C
6	char	创新网络特性	A	6	pell	政策透明度	C
7	scale	网络规模	C	7	mech	机制环境感知	L
8	open	开放性程度	C	8	m - rate	机制环境变化	R
9	hete	网络异质性	C	9	spec	技术传播机制	C
10	win	协同共赢机制	C	10	inve	风险投资机制	C
11	abil	合作能力感知	L	11	serv	公共服务机制	C
12	a - rate	合作能力变化	R	12	cult	创新文化机制	C
13	cont	战略管控能力	C	13	market	市场环境感知	L
14	attr	合作吸引能力	C	14	ma - rate	市场环境变化	R
15	rela	关系能力	C	15	norm	行业规范度	C

续表

内源性驱动因素				外源性驱动因素			
序号	变量符号	变量含义	变量类型	序号	变量符号	变量含义	变量类型
16	know	知识能力	A	16	culti	市场培育机制	C
17	obta	知识获取能力	C	17	dema	创新产品需求	C
18	abso	知识吸收能力	C				
19	conv	知识转化能力	C				
20	inte	协作互动能力	C				

表 5.2　　模型其他变量及含义

序号	变量符号	变量含义	变量类型	序号	变量符号	变量含义	变量类型
1	beha	协同创新行为	L	7	rate	环境变化速率	R
2	b - rate	协同行为变化	R	8	othe	创新阻力感知	L
3	achi	协同创新绩效	L	9	ot - rate	创新阻力变化	R
4	ac - rate	协同绩效变化	R	10	zs	折算系数	C
5	deve	发展压力	A	11	zs2	折算系数 2	C
6	envi	环境压力	A				

3. 边界点确定及数值估算方法

系统流图完成后，模型要运行还需要确定各要素及其评价指标之间的函数关系，这里的函数关系本书假设为线性关系，具体数值主要取决于指标数值及其权重大小，因而需要首先估计各项评价指标的数值及其权重，也就是确定系统的物理边界，使之作为初始值。基于前文建立的企业网络协同创新要素作用机理流图，确定本模型的物理边界因素包括：创新资源、基础设施、创新平台、网络规模、开放性程度、网络异质性、协作共赢机制、战略管控能力、合作吸引能力、关系能力、知识获取能力、知识吸收能力、知识转化能力、合作管理水平、协作互动能力、政策完善度、政策支持度、政策执行效率、政策透明度、产业专业化、风险投资、公共服务、创新文化机制、行业规范性、市场培育、创新需求。

企业网络协同创新动力因素众多，这些因素对企业协同创新行为与绩效的作用各不相同。只有清晰确定这些因素的数值，才能准确评估它们对企业网络协同创新行为与绩效的影响程度，从而探查整个系统的运行状况，进而为企业网络协同创新决策提供依据。根据前文可知，作者通过调研已对这些因素进行了量化，因而直接使用问卷的统计数值。对于各项指标的权重，使用前文的因子载荷的结论进行测算。最终结果如表 5.3 所示。

表 5.3　各项因素权重值及其初始值

潜在指标	权重	二级指标	权重	三级指标	权重	初始值
创新条件	0.2246	创新资源	0.1827			0.663
		基础设施	0.2206			0.650
		创新平台	0.2229			0.634
		网络特性	0.2244	网络规模	0.3368	0.617
				开放性程度	0.3312	0.636
				网络异质性	0.3320	0.623
		协作共赢机制	0.1494			0.692
合作能力	0.2017	战略管控能力	0.1801			0.691
		合作吸引能力	0.1735			0.680
		关系能力	0.2385			0.739
		知识能力	0.2233	知识获取能力	0.3384	0.696
				知识吸收能力	0.3464	0.711
				知识转化能力	0.3152	0.673
		协作互动能力	0.1846			0.703
政策环境	0.2254	政策完善度	0.2131			0.717
		政策支持度	0.2648			0.708
		政策执行效率	0.2640			0.704
		政策透明度	0.2581			0.708
机制环境	0.1854	产业专业化	0.2438			0.700
		风险投资	0.2724			0.668
		公共服务	0.2541			0.674
		创新文化机制	0.2297			0.679

续表

潜在指标	权重	二级指标	权重	三级指标	权重	初始值
市场环境	0. 1629	行业标准	0. 4100			0. 708
		市场培育	0. 2966			0. 691
		创新需求	0. 2934			0. 704

5. 1. 4　系统变量评估模型设定

经过表 5. 3 获得各项因素的权重后，可设定协同创新行为影响因素的评估模型，包括协同创新行为、协同创新绩效、创新条件感知、合作能力感知、政策环境感知、机制环境感知、市场环境感知、创新阻力感知 8 个主要子模型。

1. 协同创新行为子模型

$$N_{beha} = INTEG(N_{b-rate}, 70) \tag{5.1}$$

$$N_{b-rate} = N_{cond} \times \omega_{cond} + N_{abil} \times \omega_{abil} + N_{policy} \times \omega_{policy} + N_{mech} \times \omega_{mech} + N_{market} \times \omega_{market} + N_{othe} \times \omega_{othe} \tag{5.2}$$

其中，N_{beha}、N_{cond}、N_{abil}、N_{policy}、N_{mech}、N_{market}、N_{othe}分别代表协同创新行为、创新条件感知、合作能力感知、政策环境感知、机制环境感知、市场环境感知和创新阻力感知数值，N_{b-rate}代表协同创新行为变化，ω_{cond}、ω_{abil}、ω_{policy}、ω_{mech}、ω_{market}、ω_{othe}分别代表创新条件感知、合作能力感知、政策环境感知、机制环境感知、市场环境感知和创新阻力感知影响系数。依据协同创新因素仿真研究常用方法，将协同创新行为抽象为数值表示，假定初值为 70。

2. 协同创新绩效子模型

$$N_{achi} = INTEG(N_{ac-rate}, 400) \tag{5.3}$$

$$N_{ac-rate} = N_{cond} \times \varphi_{cond} + N_{beha} \times \varphi_{beha} \tag{5.4}$$

其中，$N_{ac-rate}$、N_{achi}分别代表协同创新绩效变化、协同创新绩效的数值，φ_{cond}、φ_{beha}代表协同创新条件感知与协同创新行为的影响系数。根据协同创新普遍现象，协同创新绩效初期存量通常高于协同创新行为初期存量，因此设置仿真初值为400。

3. 创新条件感知子模型

$$N_{cond} = INTEG(N_{c-rate},\ 10) \tag{5.5}$$

$$N_{c-rate} = (N_{reso} \times \omega_{reso} + N_{faci} \times \omega_{faci} + N_{plat} \times \omega_{plat} + N_{char} \times \omega_{char} + N_{win} \times \omega_{win}) / N_{deve} \tag{5.6}$$

其中，N_{c-rate}、N_{reso}、N_{faci}、N_{plat}、N_{char}、N_{win}、N_{deve}分别代表创新条件感知变化、创新资源、基础设施、创新平台、网络特性、协作共赢机制、发展压力的数值，ω_{reso}、ω_{faci}、ω_{plat}、ω_{char}、ω_{win}、ω_{deve}分别代表创新资源、基础设施、创新平台、网络特性、协作共赢机制、发展压力的影响系数。根据协同创新普遍现象，创新条件感知初期存量通常低于协同创新行为初期存量，因此设置仿真初值为10。

$$N_{char} = N_{scale} \times \omega_{scale} + N_{open} \times \omega_{open} + N_{hete} \times \omega_{hete} \tag{5.7}$$

其中，N_{scale}、N_{open}、N_{hete}分别代表网络规模、开放性程度、网络异质性的数值，ω_{scale}、ω_{open}、ω_{hete}分别代表网络规模、开放性程度、网络异质性的影响系数。

4. 合作能力感知子模型

$$N_{abil} = INTEG(N_{a-rate},\ 20) \tag{5.8}$$

$$N_{a-rate} = (N_{cont} \times \omega_{cont} + N_{attr} \times \omega_{attr} + N_{rela} \times \omega_{rela} + N_{know} \times \omega_{know} + N_{inte} \times \omega_{inte}) / N_{deve} + N_{policy} \times \omega_{policy} \tag{5.9}$$

其中，N_{a-rate}、N_{cont}、N_{attr}、N_{rela}、N_{know}、N_{inte}分别代表合作能力感知变化、战略管控能力、合作吸引能力、关系能力、知识能力、协作互动能力的数值，ω_{cont}、ω_{attr}、ω_{rela}、ω_{know}、ω_{inte}分别代表战略管控能力、合作吸引能力、关系能力、知识能力、协作互动能力的影响系数。N_{deve}代表发展压力数值，N_{policy}和ω_{policy}分别代表政策环境感知数据及其影响系数。根据协同创新普遍现象，合作能力感知初期存量通常低于协同创新行为初期存量，因此设置仿真初值为20。

$$N_{know} = N_{obta} \times \omega_{obta} + N_{abso} \times \omega_{abso} + N_{conv} \times \omega_{conv} \tag{5.10}$$

其中，N_{obta}、N_{abso}、N_{conv}分别代表知识获取能力、知识吸收能力、知识转化能力的数值，ω_{obta}、ω_{abso}、ω_{conv}分别代表知识获取能力、知识吸收能力、知识转化能力的影响系数。

5. 政策环境感知子模型

$$N_{policy} = INTEG(N_{p-rate}, 30) \tag{5.11}$$

$$N_{p-rate} = (N_{perf} \times \omega_{perf} + N_{Supp} \times \omega_{Supp} + N_{effi} \times \omega_{effi} + N_{pell} \times \omega_{pell}) / N_{nevi} \tag{5.12}$$

其中，N_{p-rate}、N_{perf}、N_{Supp}、N_{effi}、N_{pell}分别代表政策环境感知变化、政策完善度、政策支持度、政策执行效率、政策透明度的数值，ω_{perf}、ω_{Supp}、ω_{effi}、ω_{pell}分别代表政策完善度、政策支持度、政策执行效率、政策透明度的影响系数，N_{nevi}代表环境压力数值。根据协同创新普遍现象，政策环境感知初期存量通常低于协同创新行为初期存量，因此设置仿真初值为 30。

6. 机制环境感知子模型

$$N_{mech} = INTEG(N_{m-rate}, 20) \tag{5.13}$$

$$N_{m-rate} = (N_{spec} \times \omega_{spec} + N_{inve} \times \omega_{inve} + N_{serv} \times \omega_{serv} + N_{cult} \times \omega_{cult}) / N_{nevi} \tag{5.14}$$

其中，N_{m-rate}、N_{spec}、N_{inve}、N_{serv}、N_{cult}分别代表机制环境感知变化、产业专业化、风险投资、公共服务、创新文化机制的数值，ω_{spec}、ω_{inve}、ω_{serv}、ω_{cult}分别代表产业专业化、风险投资、公共服务、创新文化机制的影响系数。根据协同创新普遍现象，机制环境初期存量通常低于协同创新行为初期存量，因此设置仿真初值为 20。

7. 市场环境感知子模型

$$N_{market} = INTEG(N_{ma-rate}, 20) \tag{5.15}$$

$$N_{ma-rate} = (N_{norm} \times \omega_{norm} + N_{culti} \times \omega_{culti} + N_{dema} \times \omega_{dema}) / N_{nevi} \tag{5.16}$$

其中，$N_{ma-rate}$、N_{norm}、N_{culti}、N_{dema}分别代表市场环境感知变化、行业规范性、市场培育、创新需求的数值，ω_{norm}、ω_{culti}、ω_{dema}分别代表行业规范性、市场培育、创新需求的影响系数。根据协同创新普遍现象，市场环境感知初期存量通常低于协同创新行为初期存量，因此设置仿真初值为 20。

8. 创新阻力感知子模型

$$N_{othe} = INTEG(N_{ot-rate},\ 20) \tag{5.17}$$

$$N_{ot-rate} = N_{rate} \times N_{nevi} \tag{5.18}$$

其中，N_{othe}、$N_{ot-rate}$分别代表创新阻力感知和创新阻力感知变化速率的数值，N_{rate}、N_{nevi}分别代表环境变化速率和环境压力数值。根据协同创新普遍现象，创新阻力感知初期存量通常低于协同创新行为初期存量，因此设置仿真初值为20。

9. 其他变量模型

$$\text{环境变化速率 } N_{rate} = \text{市场水平感知变化速率 } N_{ma-rate} \times \text{政策环境感知变化速率 } N_{p-rate} \times \text{机制环境感知变化速率 } N_{m-rate} \times 0.5 \tag{5.19}$$

$$\text{发展压力 } N_{deve} = \text{协同创新绩效 } N_{achi} \times \text{折算系数 } N_{zs}\ (0.8) \tag{5.20}$$

$$\text{环境压力 } N_{nevi} = \text{协同创新绩效 } N_{achi} \times \text{折算系数 } 2N_{zs2}\ (1.2) \tag{5.21}$$

5.1.5 模型检验

模型设定后，需要进行模型检验，从而确定模型的适用性与一致性，本书综合直观检查和模型运行检查进行检验。

1. 直观检查

直观检查的内容包括因果关系检验、模型“外观”检验、量纲一致性检验、边界变量初始值检验等。本书在前期做了大量工作，包括查阅大量文献资料、征求专家意见、问卷调查等，并进行反复对比，尽最大可能保证模型中因果关系、模型“外观”的合理性和有效性。

2. 单位一致性检验

模型需对文中一些变量进行单位设定，由于本书使用的大多数变量均为定性的主观变量，因此对变量进行无量纲处理。使用 Vensim 软件中的 units check 命令进行单位检验，没有发现错误，因此本模型符合单位一致性要求；变量的初始值是经过问卷调查得到的结果，与实际情况一致。

3. 模型运行检查

运行检查的内容主要包括模型是否运行测试、极端条件检验，以及积分误差测试，确保积分误差在可接受的范围内。首先在确定边界值时，按照问卷所得确定相应的初始值；接着运行软件，并进行单位量纲检测以及运行测试，软件模拟顺利完成；同时调整方程式的变量，在其可能变化的极端条件下观测方程是否仍有意义，检查结果显示正常；除此之外，还需对模型进行积分误差测试，选取不同的步长进行模拟，本书选取 DT = 1，DT = 0. 5，DT = 0. 25 三种时间间隔进行模拟。模拟结果显示，运行结果在三种步长情况下趋势不变，因此模型不存在积分误差。

5. 2　动态仿真过程

本模型中涉及的状态变量是创新条件感知、合作能力感知、政策环境感知、机制环境感知、市场环境感知、协同创新行为和协同创新绩效，这类变量需要赋予初始值。依据本研究的假设以及系统动力学模型参数的第三种估计方法，已在 5. 1. 4 节中设定这些变量的初始值。边界变量的初始值见表 5. 3。由于企业协同创新的周期普遍较长，因此，本书将模型仿真时长设定为 10 年，模型中设置为 Initialtime = 2020，finaltime = 2030，在模型中设定时间边界为 120 个月，运行步长为 1 个月，即 Units for Time = Month，Time Step = 1。

5. 2. 1　内源性驱动因素对协同创新行为与协同创新绩效的影响分析

图 5. 3、图 5. 4、图 5. 5、图 5. 6 显示了内源性驱动因素即创新条件和合作能力，过程与结果要素即协同创新行为与协同创新绩效仿真的变化情况。图中曲线上升趋势表明 4 个变量总体上均在持续增加。其中创新条件与合作能力基数较低，协同创新行为和协同创新绩效数值较大，说明创新条件与合作能力的合力作用。另外创新条件与合作能力基本属于直线变化趋势，协同创新行为和协同创新绩效则为加速上升的趋势，亦说明了两个内源性驱动因

素的合力作用。图 5. 7 是将创新条件、合作能力、协同创新行为与协同创新绩效仿真的变化情况集中于同一张图中的结果，从中可直观发现它们的关系与差别。

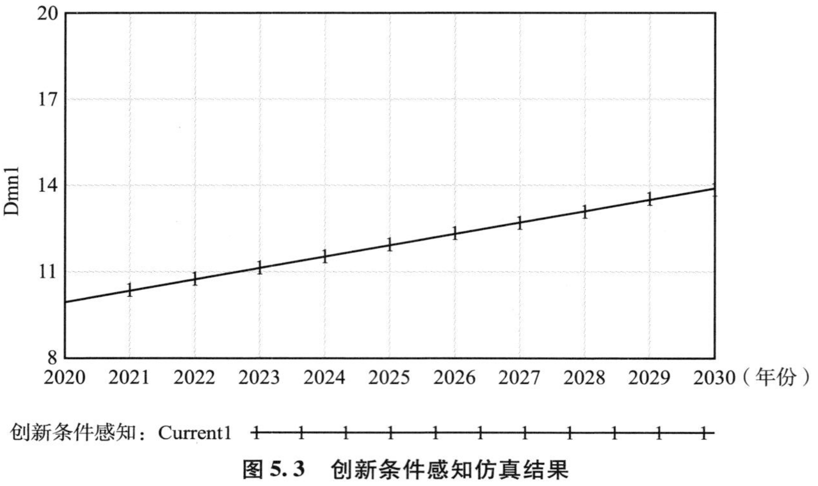

图 5. 3　创新条件感知仿真结果

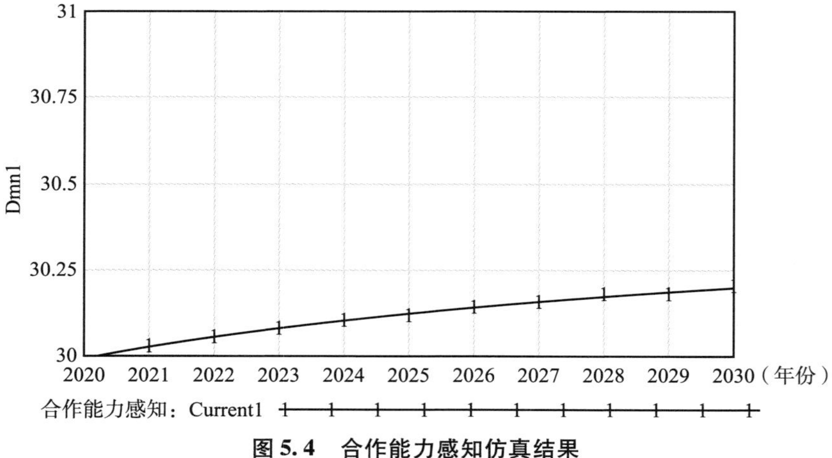

图 5. 4　合作能力感知仿真结果

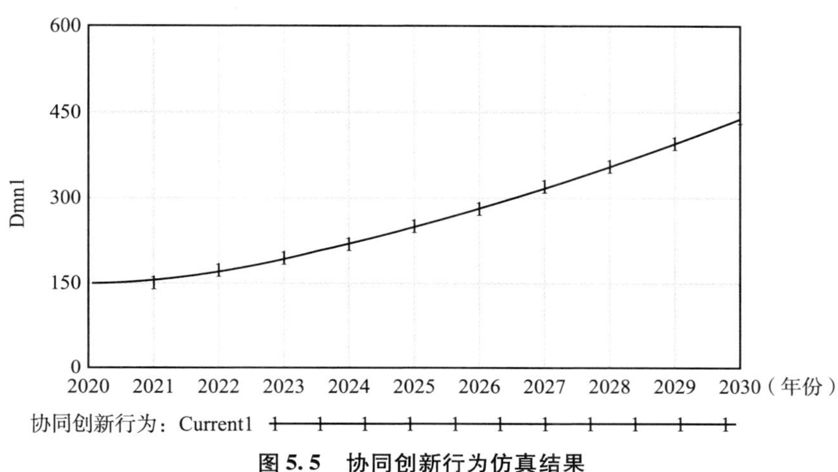

图 5.5　协同创新行为仿真结果

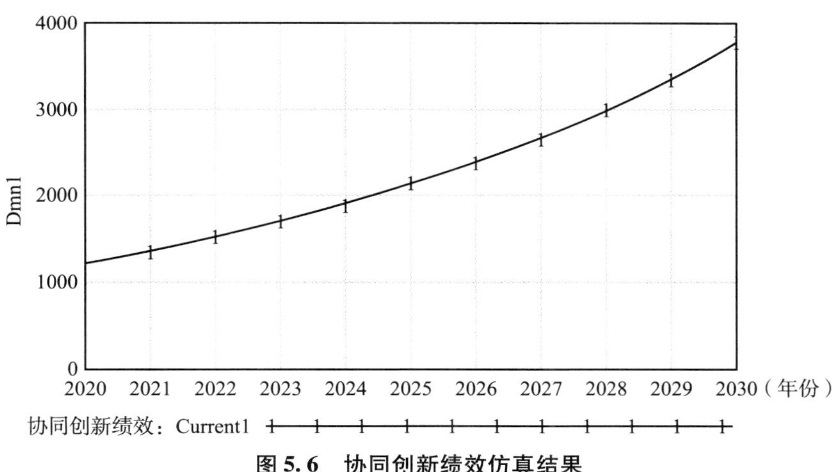

图 5.6　协同创新绩效仿真结果

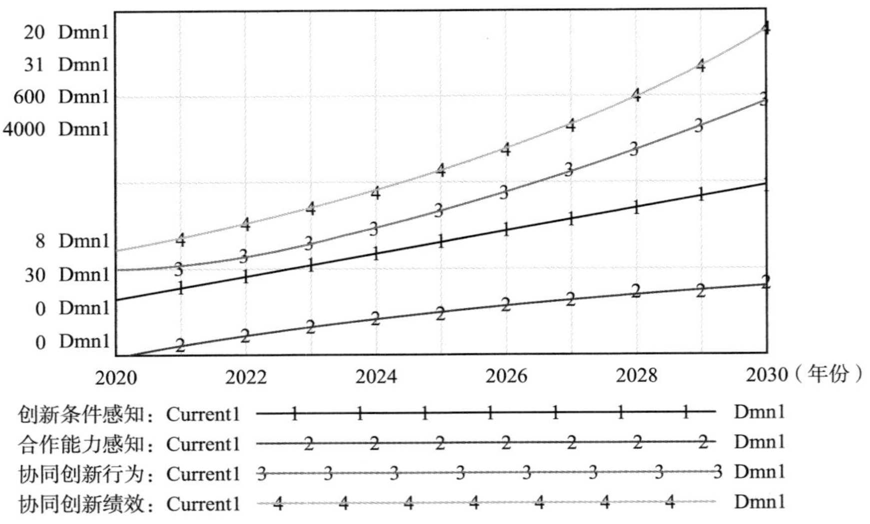

图 5.7　内源性驱动因素、协同创新行为与协同创新绩效共同作用仿真结果

5.2.2　外源性驱动因素对协同创新行为与协同创新绩效的影响分析

图 5.8、图 5.9、图 5.10 显示了外源性驱动因素即政策环境、机制环境与市场环境仿真的变化情况。图中曲线均为上升趋势，表明 3 个因素总体上在持续增强。其中政策环境、机制环境变化比较平缓，市场环境变化较快，机制环境与市场环境基数较低，政策环境基数较高，在一定程度上体现了现实社会的情况。三者的合力作用通过协同创新行为影响协同创新绩效。图 5.11 显示了政策环境、机制环境与市场环境与协同创新行为、协同创新绩效仿真的变化情况集中于同一张图中的结果，从中可直观比较它们的趋势变化情况。可以发现，在政策环境、机制环境与市场环境的协同作用下，协同创新行为和协同创新绩效的变化速度更快，说明了三个外源性驱动因素的合力作用。

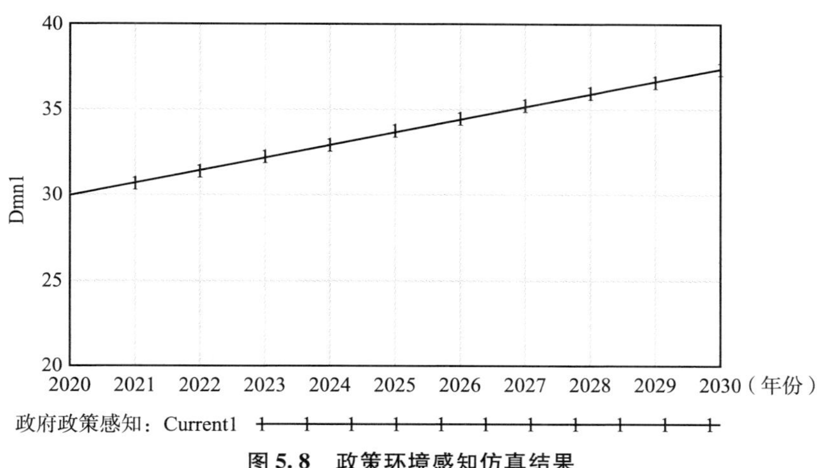

图 5.8　政策环境感知仿真结果

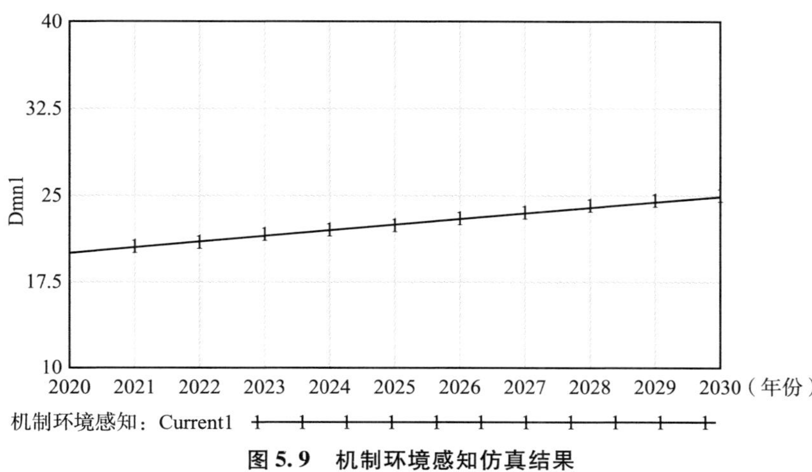

图 5.9　机制环境感知仿真结果

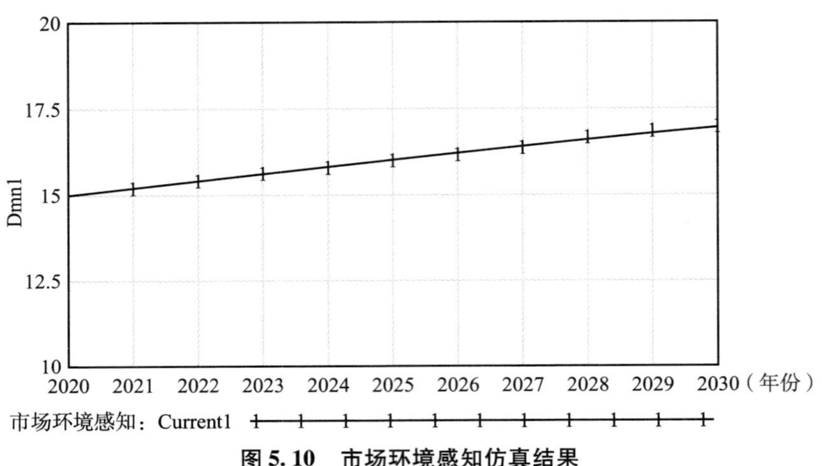

图 5.10 市场环境感知仿真结果

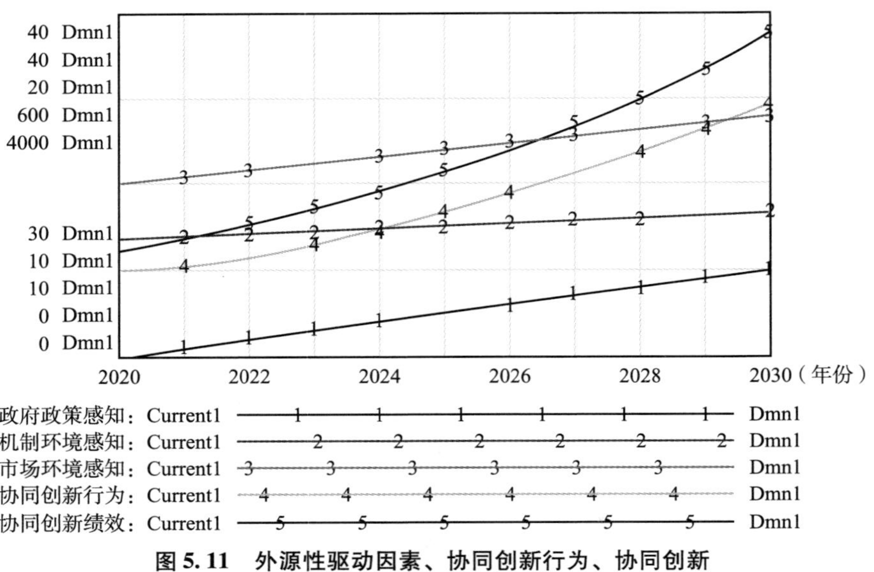

图 5.11 外源性驱动因素、协同创新行为、协同创新绩效共同作用仿真结果

5.2.3　驱动因素及创新阻力强度变化对协同创新行为与绩效的影响分析

1. 单一驱动因素强度变化时对协同创新行为的影响

图 5.12、图 5.13 分别显示了创新条件感知强度、合作能力感知强度为 1 倍、2 倍、3 倍变化时协同创新行为的仿真结果（分别为线条 Current1、Current2 和 Current3）。图中曲线上升趋势表明协同创新行为水平在持续增加。图 5.12 结果显示在其他条件不变的情况下，创新条件提升会引起协同创新行为的提升，但提升速度较缓，前 24 个月内提升很少，24 个月之后才有明显提升。而图 5.13 结果则显示不论合作能力如何变化，均不会单独使协同创新行为产生变化，进一步证明了合作能力只是创新条件和协同创新行为的中介变量，它只能与其他因素共同作用才能使协同创新行为与创新绩效发生变化。

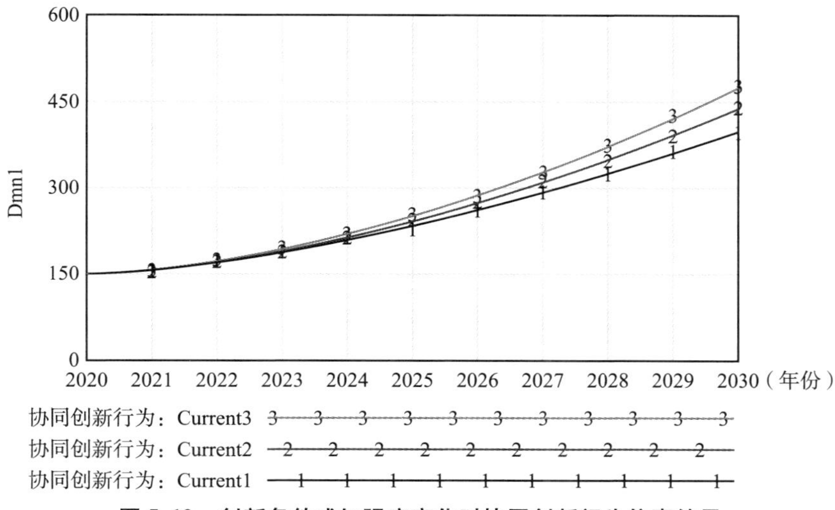

图 5.12　创新条件感知强度变化时协同创新行为仿真结果

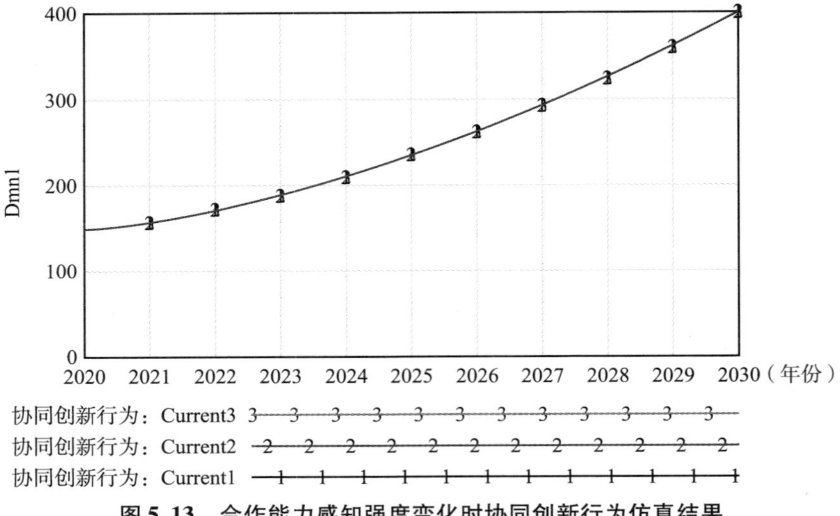

图 5.13　合作能力感知强度变化时协同创新行为仿真结果

图 5.14、图 5.15 分别显示了政策环境、机制环境感知强度数值为 1 倍、2 倍、3 倍变化时协同创新行为的仿真结果（分别为线条 Current1、Current2 和 Current3）。图中曲线上升趋势表明协同创新行为水平在持续增加。两图结果显示在其他条件不变的情况下，政策环境和机制环境感知强度

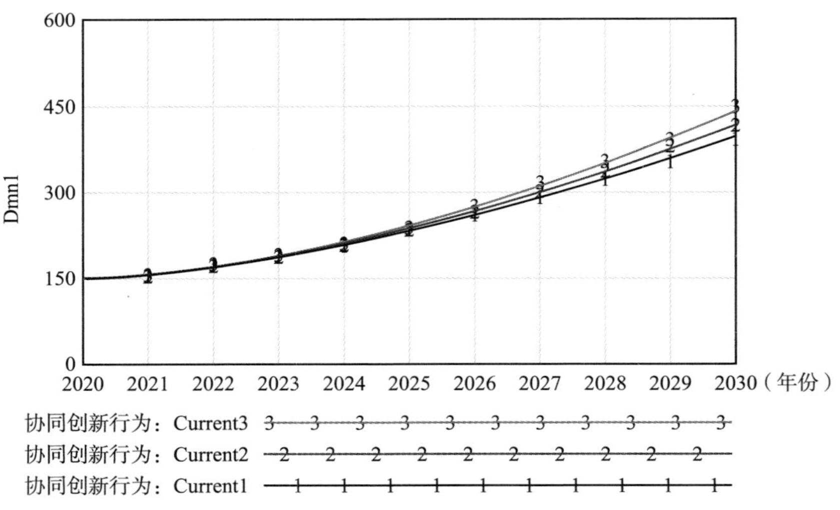

图 5.14　政策环境感知强度变化时协同创新行为仿真结果

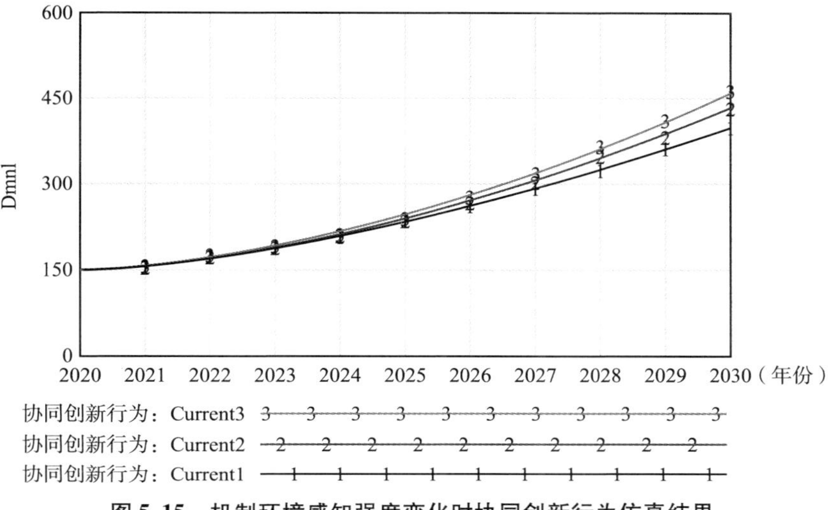

图 5.15　机制环境感知强度变化时协同创新行为仿真结果

变化均会引起协同创新行为的变化，但变化速度较缓，前 30 个月内变化很少，30 个月后起才有明显变化。这两个变量变化比创新条件变化对协同创新行为的影响小，证明了创新条件在提升协同创新行为和协同创新绩效时的重要作用。市场环境的变化与政策环境和机制环境变化引起的结果具有相似效果，在此不再分析。

2. 驱动因素强度共同变化时对协同创新行为与绩效的影响

图 5.16、图 5.17 中的线 Current1、线 Current2 和线 Current3 分别显示了内外驱动因素感知强度数值共同变化为 1 倍、2 倍、3 倍时协同创新行为与协同创新绩效的仿真结果。图中曲线上升趋势表明协同创新行为与创新绩效水平在持续增加。结果显示内外驱动因素的共同变化会引起协同创新行为与协同创新绩效的显著变化，前 18 个月变化速度较缓，18 个月以后则速度加快，形成加速度，证明了协同创新行为与协同创新绩效在各类驱动因素共同作用时效果最好，也说明了企业网络协同创新活动需要社会各种因素的协同作用才能达到最快最好的结果，单纯依靠政策刺激，或市场的力量，或企业网络自身的作用均无法实现绩效最优。

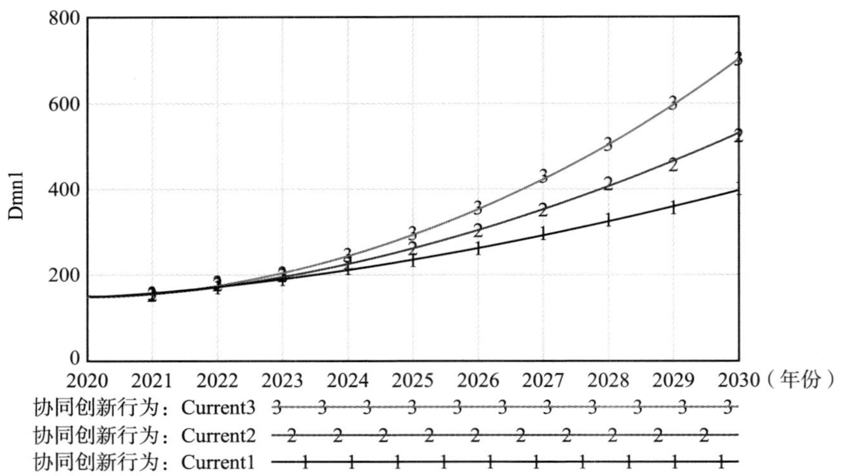

图 5.16　内外源驱动因素感知强度共同变化时协同创新行为仿真结果

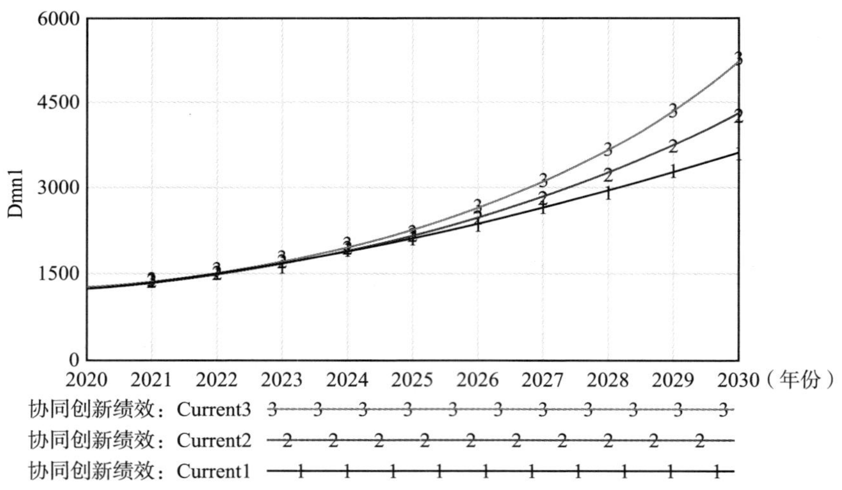

图 5.17　内外源驱动因素感知强度共同变化时协同创新绩效仿真结果

3. 创新阻力感知变化时对协同创新行为与绩效的影响

图 5.18、图 5.19 分别显示了创新阻力感知变化时对协同创新行为与协同创新绩效影响的仿真结果。图 5.18 显示，创新阻力感知很大时，协同创新行为与创新绩效水平虽然受其他环境因素的正向影响在持续增加，但增加

幅度比较小，小于创新阻力感知增加的速度。图 5. 19 显示，减少创新阻力感知数值，协同创新行为与创新绩效水平则显示了加速度的上升状态。创新阻力感知变动的仿真结果显示了创新阻力感知对协同创新行为与协同创新绩效的影响。创新阻力是协同创新行为的反作用力，协同创新行为和协同创新绩效想要实现 1 +1 >2 的效果，减少创新阻力也是必须的。

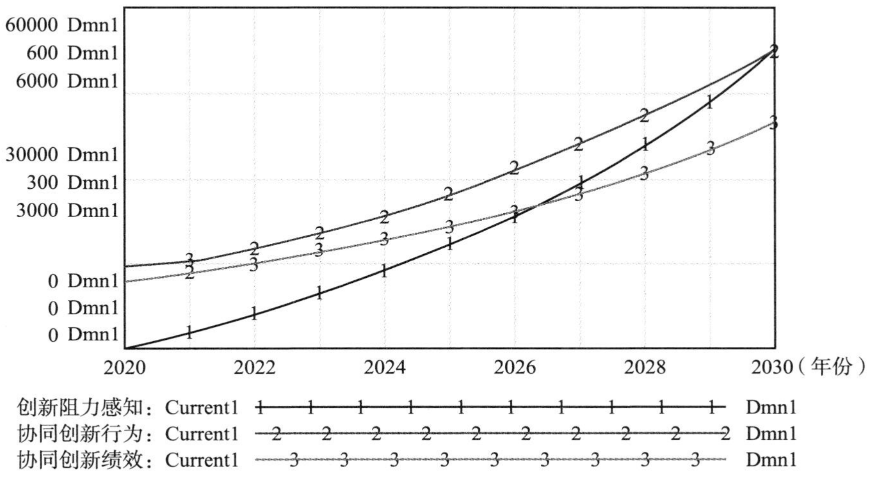

图 5. 18　创新阻力感知很大时协同创新行为与绩效仿真结果

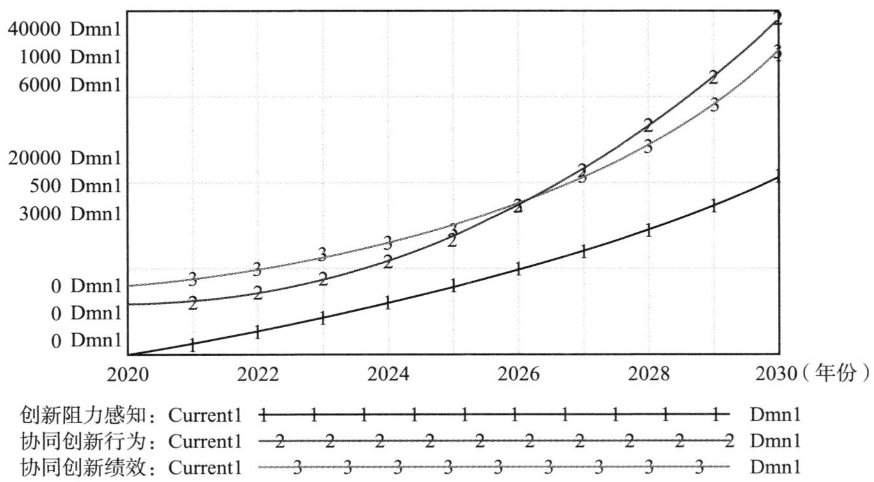

图 5. 19　创新阻力感知减少时协同创新行为与绩效仿真结果

5.3 仿真结果分析与启示

本章第5.2节的动态仿真过程，主要观察的是内源性驱动因素即创新条件与合作能力、外源性驱动因素即政策环境、机制环境与市场环境对协同创新行为和协同创新绩效的动态影响作用。仿真时长为120个月，步长为1个月，共得到了10年的演化结果。这些仿真结果从理论上证明了企业协同创新网络创新要素的动态作用机理，也为我们带来了一些启示，为下一章企业网络协同创新治理策略体系的研究做好了理论铺垫。本次系统动力学仿真的结果与启示有如下几点：

（1）企业网络各类协同创新要素的基本发展趋势均逐步增加。但内源性驱动因素创新条件与合作能力，外源性驱动因素政策环境、机制环境和市场环境的变化均较缓，基本呈现直线变化趋势；协同创新行为和协同创新绩效的增加趋势变化较快，略微呈现指数状的加速成长趋势。

（2）内外源驱动因素的变化速率均低于协同创新行为和协同创新绩效的变化速率，一定程度上说明了各类驱动因素的合力作用大于这些因子单独作用结果之和，体现了内外源驱动因素共同作用下产生的1+1>2的效果。

（3）内外源驱动因素强度单独变化1倍、2倍、3倍时，创新条件提升会引起协同创新行为的提升，但提升速度较缓，前24个月内提升很少，24个月之后才有明显提升；政策环境、机制环境和市场环境强度提升均会引起协同创新行为强度的提升，但提升速度较缓，前30个月内提升很少，30个月后起才有明显提升；合作能力的单独变化不会使协同创新行为产生变化。总体来看，这些因素中创新条件变化对协同创新行为进而对协同创新绩效的影响最显著。

（4）内外源驱动因素强度共同变化为1倍、2倍、3倍时，协同创新行为与协同创新绩效的变化速度明显加快，18个月以后就会出现显著变化，形成加速度，证明协同创新行为与协同创新绩效在各类驱动因素共同作用时效果最好。

（5）创新阻力的存在会对内外源驱动因素的协同作用产生影响，因而在增强内外源驱动因素强度的同时，应消除创新阻力的影响。

（6）仿真结果体现了1+1>2的效果，证明了企业网络协同创新活动需要社会各种驱动因素的协同作用才能达到最快最好的结果，单纯依靠提升某一类因素来实现协同创新绩效最优是不可行的。另外，企业网络协同创新活动的成功以内源性动力为主，外源性动力为辅，外源性动力的存在会增强内源性动力对企业协同创新行为的促进作用。

5.4 本章小结

本章主要做了 3 项工作，即企业网络协同创新要素作用机理仿真模型构建、动态仿真模拟、仿真总结与启示。

第一，说明了企业网络协同创新要素作用机理仿真建模的原则、过程与目的，对企业网络协同创新要素的因果关系进行了分析，画出了企业网络协同创新要素因果关系图并分析了图中的 8 条主要因果关系回路，画出了企业网络协同创新要素作用机理系统流图，对模型参数构成、边界点确定、数值估算、模型设定、模型检验等问题进行了说明。本节构建的企业网络协同创新要素作用机理动态仿真模型是在第 4 章被验证的静态模型的基础上所做，一方面可进一步证明静态模型的企业网络各类协同创新要素的因果关系，另一方面是第 4 章静态关系分析的延伸与深化。

第二，根据构建好的仿真模型进行了动态仿真模拟，分别分析了内源性驱动因素即创新条件、合作能力对协同创新行为与协同创新绩效的影响，外源性驱动因素即政策环境、机制环境和市场环境对协同创新行为与协同创新绩效的影响，驱动因素变化对协同创新行为的影响这 3 项内容。仿真结果表明 7 类创新要素的基本趋势均为上升趋势，且在内、外源驱动因素的分别作用下，协同创新行为与协同创新绩效的上升趋势更快一些；各类驱动因素的单独变化引起协同创新行为与协同创新绩效的变化趋势较小，它们的共同变化引起协同创新行为与协同创新绩效的变化趋势明显增大。创新阻力的存在会对内外源驱动因素的协同作用产生影响。

第三，根据仿真结果做了总结，获得了相应启示，证明了企业网络协同创新活动需要社会各种因素的协同激励才能达到最快最好的结果；企业网络协同创新活动的成功以内源性驱动力为主，外源性驱动力为辅，外源性驱动力的存在会增强内源性驱动力对企业网络协同创新行为的促进作用。本章的研究结果为第 7 章企业网络协同创新治理策略体系的研究做好了理论铺垫。

第 6 章

企业网络协同创新案例分析：协同创新要素的视角

本章在前述各章研究结论的基础上进行案例分析，旨在从实践角度进一步验证第 3 章提出的理论假设，并对第 4 章静态实证和第 5 章动态仿真所得结论进行印证，为下一步提出企业网络协同创新策略打下现实基础。

6.1 案例样本的选择与数据获取

6.1.1 案例样本的选择

本章选择山西高科华烨电子集团有限公司（高科华烨）为研究样本，研究其建立协同创新网络进行协同创新的过程机理。原因在于该案例的最佳实践体现了样本选取的如下 3 个原则：

1. 兼具极端性和启发性原则

高科华烨位于山西省长治市，通过战略协作、能力提升等创新生态思维方式突破协同创新障碍逐步实现创新追赶，成为落后地区后发企业实现协同创新的典型。目前，高科华烨是国内 LED 产业的龙头企业之一，其产业规模占全省 84%，累计取得专利 230 余项，从开始的模仿创新到陆续推出小间距 LED 显示屏、绿色能源光照灯具等一系领先于国内各大 LED 企业的先进技术产品，成功实现了企业网络协同创新的目标。选择该企业作为案例研究对象，体现了案例选择的“极端性和启发性”。

2. 遵循理论抽样原则

案例研究方法对案例的选择是为了延伸已有理论或者发展新理论。理论抽样是要发展概念和理论，而非追求样本在人口统计上的代表性。已有文献虽然对企业协同创新的关注颇多，但对于企业协同创新要素的关系研究不足。对已有成功案例的研究，既缺乏对企业网络协同创新现象的认识，也缺乏对企业建立协同创新网络、实现追赶内在机理的追寻，还缺少正反实例的对比研究。本书所选的案例分析对象高科华烨位于落后地区山西，地理位置、技术等方面存在严重的协同创新障碍，且发展初期遭遇严重挫折，直到 2012 年实施战略调整后实现创新追赶，正好提供后发企业实现协同创新追赶的正反两方面例子供研究对比，也为协同创新的认识和突破研究提供途经，有助于完善企业协同创新理论和企业创新生态系统理论。

3. 兼顾案例研究对象与理论目标的一致性原则

位于落后地区的高科华烨能够成功实现创新追赶，与它充分利用现有内外环境和制定正确协同创新战略突破协同创新障碍有重要关系。因此高科华烨如何最大化利用企业内部条件、与领先企业和高校研究所建立联系提升合作能力、如何利用外部环境要素等内容，与基于协同创新和创新生态系统理论视角，充分与所处环境形成协同互动，在协同思想的指引下构建创新网络实现创新追赶的理论目标一致。

6.1.2　案例数据的获取

本章收集案例数据的主要策略为三角检验，即通过多来源数据与多个访谈者多次重复访谈进行交叉比对，以避免因单一来源资料带来的印象管理和回溯性释义问题（Graebner，2007），减少信息偏差，提高研究的信度和效度。

本章样本的数据来源包含 4 个渠道：（1）对高科华烨管理层和部分员工深入半结构化访谈；（2）对高科华烨实地参与性观察；（3）高科华烨内部资料，包括企业相关管理文件、产品的宣传册等；（4）文本档案与媒体报道，包括企业官网信息、权威媒体报道、公司年报信息和公开的文献资料等（如表6.1所示）。

表6.1　　高科华烨案例数据来源编码

数据来源	数据分类	来源编码
半结构化访谈	第一次公司调研（2018.8 高科华烨所在地政府管理人员）	FT1
	第二次公司调研（2018.9 高科华烨集团高中层管理者）	FT2
	第三次公司调研（2019.5～2020.4 高科华烨集团研发与销售人员）	FT3
实地参观	通过实地参观获取资料（2018.9，2019.4，2020.4）	CG
内部资料	通过公司内部资料、年报、高层讲话等获取资料	NB
文档与媒体查询	通过企业官网和产品简介获取资料	GW
	通过公开文献资料、报纸、文库等获取资料	BD

本章样本数据的收集过程涉及3个不同阶段。第一阶段，网上公开数据和文献资料的收集，研究人员总结企业相关资料，确定研究问题和解释性研究性质，并通过相关数据的收集初步确认高科华烨的发展历程。第二阶段，研究人员进入高科华烨进行实地考察与深度访谈。访谈时间自2019年8月起至2020年5月，历时10个月。访谈对象达到30余人次，包括所在地4位政府管理人员、高科华烨的3位副总、6位中层管理者以及10多位研发人员。访谈采用半结构化形式，注重对事实的强调（例如集团与某高校签订了研发合同），在一定程度上可保障信息的可靠性。每次访谈时间持续30分钟以上，并对所有谈话内容进行了文字记录和录音，在访谈完成后的24小时内将录音转化为文字并请受访者确认信息的精确程度。第三阶段，研究人员整合所有访谈资料进行初步分析，对于缺失数据和需要澄清的问题，进一步通过电子邮件、微信等方式予以确认和补充，尤其是对所提供信息较模糊的访谈对象进行多次重复访谈和确认以保障数据的信度水平。

6.2 案例阐述与数据分析

6.2.1 案例阐述

山西高科华烨电子集团有限公司，前身为 1993 年成立的南烨集团，是山西省内集煤炭资源开采、洗选、铁路运销等为主的大型企业集团。由于煤炭资源日渐枯竭、成本上升以及经济波动等现实问题严重影响着企业经营业绩，南烨集团经过慎重思考，借着 2009 年山西省政府提出发展接续替代产业、培育新兴产业和新的支柱产业的政策东风和市政府的大力支持，结合自身前期资本优势和新产业的发展前景，选择了 LED 产业作为新的转型创新领域。但最初的创新过程充满挫折与风险。初入新行业，拥有强烈的与业内技术领先企业建立合作关系引入新技术的需求，高科华烨的决策是高价购买专利技术，并与台湾地区某家研究所签订协议引进技术。但由于缺乏懂 LED 相关技术的人才，未能及时发现引进技术项目中存在的重大缺陷，导致合作项目只维持了半年就处于严重亏损状态，集团陷入发展困境，一时质疑声四起，对集团转型成功的信心造成沉重打击。之后在李建明董事长带领下，集团领导总结失败教训，痛定思痛，于 2012 年 8 月转变发展战略，经过领导班子重组、调整组织结构、转变经营重心、加强外部协作等一系列动作，重新进入新的发展时期，并将集团公司正式更名为“山西高科华烨电子集团有限公司”。集团自成立以来，不论顺境逆境还是成功与失败，始终秉持将质量和客户放在首位的宗旨，落实“技术立企”的理念，坚持“合作双赢、共同发展”的信念，在新业务领域不断创新发展思路，最终克服了数项创新障碍，实现了落后地区后发企业的创新追赶。2019 年集团实现 LED 销量全国排名第二，技术领先国内同行业企业的优异业绩，成为国内 LED 产业的领军企业。2020 年继续变中求进，启动集团改革重组。目前占地面积总计 900 多亩，厂房面积大约 30 万平方米，企业现任员工数量超过 3500 人，拥有 3 个封装厂、3 个 LED 厂和 1 个塑封厂共 7 家子公司，产品包含封装、照明灯具、显示屏、注塑配套等，产品种类丰富，生产链完善，产量巨大。成立有 2 家省级企业技术中心、5 家国家高新技术企业，1 家国家级检测中心，基本可以实现高端产品研发和自测。其发展历程如图 6.1 所示。

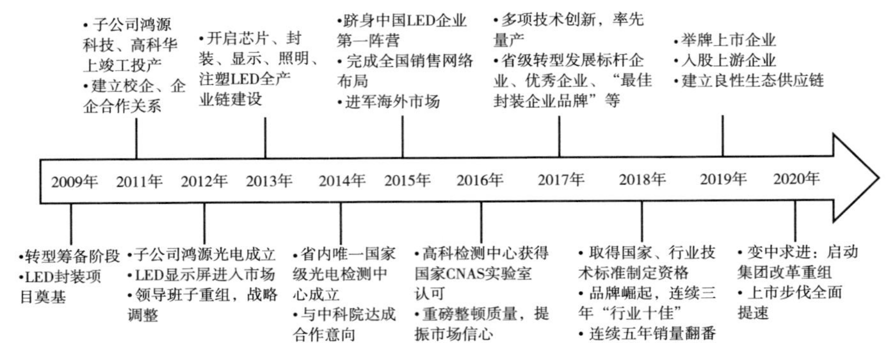

图 6.1　高科华烨发展历程

资料来源：根据高科华烨内部资料整理。

6.2.2　数据分析

本章的数据分析遵循归纳式案例研究程序，分 4 步进行。

首先，把经过检验的信息按照时间顺序进行汇总整理为“历史事件库”（Pimentel & Oliveira，2010）。此步骤识别出样本企业协同创新过程中的里程碑事件，如图 6.1 所示。2009 年，高科华烨的前身南烨集团选择 LED 产业作为新的转型创新领域，LED 封装项目奠基，总体投资达 22 亿元。2012 年 8 月转变发展战略，进入新的发展时期，正式更名为“山西高科华烨电子集团有限公司”。2013 年，高科华烨转型完毕，进行芯片、封装、显示、照明、注塑 LED 全产业链建设，开启新的发展阶段。2017 年，加大技术创新力度，率先量产多项产品，连续几年销量翻番，并伴随着品牌崛起，获得“行业十佳”等多项荣誉，取得国家及行业技术标准认定资格。2019 年后，不断向外进行资本扩张，启动集团改革重组。

其次，进行阶段划分。根据关键变量发生剧变的时间节点，本章把高科华烨转型创新分为创新初始阶段（2009 年初至 2012 年末）、创新成长阶段（2013 年初至 2016 年末）和创新成熟阶段（2017 年初至今）。创新初始阶段的主要标志是成功实现企业转型；创新成长阶段的主要标志是公司在新市场领域占有一席之地，企业协同创新网络形成稳定协作并成长；创新成熟阶段的标志是企业不断进行变革，品牌崛起，在业界拥有影响力并向外扩张。

再次，根据表 6.1 所示编码来源对创新条件、合作能力、政策环境、机制环境、市场环境、协同创新行为和协同创新绩效 7 项关键变量进行背靠背独立编码，分析样本企业在 3 个创新阶段的协同创业战略与表现。

最后，总结案例发现所涌现的理论，与已有文献进行比较，对数据收集、数据分析与构念之间的联系进行反复验证，逐步确认所涌现的理论模式（Eisenhardt，1989），以满足理论饱和度要求。案例对数据分析与理论视角不断对焦，从而达到理论饱和点（Pana and Tanb，2011）。

6.3 案例发现

1. 创新初始阶段（2009 年初至 2012 年末）

高科华烨的前身为 1993 年成立的南烨集团，是山西省内集煤炭资源开采、洗选、铁路运销等为主的大型企业集团，是典型的传统工业型企业。由于煤炭资源日渐枯竭、成本上升以及经济波动等问题严重影响企业经营业绩，2009 年，南烨集团经过慎重思考，借着山西省发展替代产业、培育新兴产业和新的支柱产业的政策东风和市政府的大力支持，结合自身优势，选择了具有良好前景的节能环保 LED 产业为新的转型创新领域，由此进入创新初始阶段。但最初的创新过程充满挫折与风险，南烨初入新行业技术能力与协作经验不足，导致引进的技术合作项目只维持了半年就形成严重亏损，集团陷入发展困境，对集团转型的信心造成沉重打击。集团总结失败教训，于 2012 年 8 月转变战略，通过重组人财物资源、调整内部组织结构、完善创新设施、构建新的创新平台、完善协作机制等一系列举措进行了创新战略转型，并将集团正式更名为“山西高科华烨电子集团有限公司”。集团创新战略决策的改变，标志着重新进入新的发展时期。至 2012 年底，公司战略重组完毕，各项工作进入正常轨道，在新业务领域站稳了脚跟。

创新初始阶段的相关数据编码如表 6.2 所示。本阶段虽然有良好的制度与市场机会，但内部组织机制不完善，专业人才缺乏，产品技术薄弱，主要靠外部引入，也没有稳定的产品市场，合作能力不足，公司实力仅达到国内一般水平。

表 6.2　　高科华烨创新初始阶段数据编码

变量		典型引用语举例	关键词	编码结果
内源性驱动因素	创新条件	市政府在资金、用地方面给予企业创新大力支持（FT1，FT2） 集团有比较深厚的资金积累，为前期投入打下了基础（FT2）	创新资源	资源条件较好，基础设施与创新平台初步建立，需要完善
		从台湾某家研究所高价购买了专利技术（FT2，FT3）	技术资源	
		内部人才不足，就转向社会，引进所需的人才（FT2） 下属 7 个厂长都是外聘的（FT3）	人力资源	
		信息比较发达，有利于寻找可以进行技术合作的伙伴，收集产品信息（FT2，FT3）	信息资源	
		具备一定的软硬件设施基础（FT1，FT2）	基础设施	
		探索与外部合作伙伴的合作方式（FT3）	创新平台	
		逐步建立科学的协作创新程序（FT2，NB）	协同机制	
	合作能力	董事长很有魄力，敢于尝试（FT2） 不认输，坚持转型创新决策，做了一系列重大改变（FT3）	战略管控能力	战略管控与关系能力较强
		主动对外进行交流，进行合作研发（FT3，NB）	合作吸引能力	
		积极寻求上级支持，尝试与相关科研院校企业合作（FT3） 与多家高技术企业、科研院所、高校建立协作关系（FT2）	关系能力	
		缺乏技术识别能力以及经验不足，不能很好吸收利用引入的技术成果（FT2，FT3）	知识能力	
		多次进行交流，提升与合作伙伴的协作质量（FT2）	协作互动能力	

续表

变量		典型引用语举例	关键词	编码结果
外源性驱动因素	政策环境	政府给予大力支持；制定了相关支持政策（FT1） 政策执行方面与南方有较大差距（FT2）	政策制定与实施	政策环境与市场环境较强
	机制环境	本地没有合适的原料商，从外省寻找（FT03）；收购上游芯片公司，完善供应链；建立原材料加工企业，弥补上游原材料供给的不足（FT02，FT03）；集团成立之初用公司自有物流，后与德邦物流合作（GW，NB，FT02，FT03）	分工机制	
		风险投资、公共服务机制、创新文化正在形成（FT1）	服务与文化机制	
	市场环境	LED 产品具有环保、寿命长特点，市场前景广阔（FT1）	消费需求多	
		大部分 LED 产业都集中在南方地区，北方地区非常少，竞争者少（FT2，FT3）	行业与市场培育	
协同创新行为		从台湾地区某家研究所高价购买的专利技术，半年协作（FT2）	协作强度	协同创新行为较弱
		未能及时发现从台湾地区某家研究所高价购买的专利技术中的重大缺陷（FT2，FT3）	协作质量	
协同创新绩效		经过变革，扭转了亏损局面；申请专利数逐年增加（FT2）	过程绩效	协同创新绩效国内一般
		成功将企业从传统工业企业转型为高科技企业（FT1，FT2） 新产品水平不断提升，销售数量不断增加（FT3）	结果绩效	

2. 创新成长阶段（2013 年初至 2016 年末）

借着 2012 年的战略重组，高科华烨在新领域站稳了脚跟。集团领导层意识到想要实现后发追赶，必须在创新机制、发展模式、协作能力等方面进一步完善，内部建设与外部协作相结合，在创新条件培育、能力提升、环境利用和创新行为方面均需加强，由此逐渐形成了清晰的发展思路，企业进入创新成长阶段。为了解决专业人才不足问题，企业一方面通过高薪、股权激励相结合的方式吸引人才，将管理者报酬与公司的长期利益捆绑，形成了二者目标的高度融合，有效保证了各类人才储备；另一方面通过参与决策、授权的方式为各级人才提供发挥才能的平台，辅以各种竞赛、奖励等激励措施，大大增强了各级管理人员和员工的工作积极性。为了提升企业技术消化吸收水平，企业通过各种方式加强交流与协作，先后与中科院、太原理工大学、山西大学、中北大学以及台湾交通大学等十数家高校、科研院所建立了合作关系，“走出去”与“请进来”相结合，提升新产品研发能力和技术应用能力。在技术带头人的引领下，建立循环式组织学习文化、加强外部协作、建立产品技术检测实验室等多种措施共进，促进了企业绩效的显著提升。公司的销售市场不断扩张，继山东、河北、东北三省等地市场后，又逐渐进入全国市场和国外市场（俄罗斯、西班牙、澳大利亚等地），直至2016年完成全国销售网络布局，市场范围与客户数量不断增加。

高科华烨该阶段的相关数据编码如表6.3所示。本阶段的产品技术是引进消化吸收与协作创新相结合，专业人才缺乏问题得到解决，内外协作机制逐渐完善，合作能力大提升，新产品市场逐步扩大，产品达到国内先进水平。

表6.3　　高科华烨创新成长阶段数据编码

变量		典型引用语举例	关键词	编码结果
内源性驱动因素	创新条件	争取多方支持，充分利用各种资源	创新资源	资源条件、基础设施与创新平台不断完善
		建立技术团队，发挥专业技术人员的作用（FT2，FT3）	技术资源	
		通过高薪、股权激励相结合的方式吸引人才（FT2）	人力资源	
		紧密跟踪国际国内先进技术（FT3，GW，NB）	信息资源	
		完善已有的软硬件设施基础，2015高科检测中心获得国家CNAS实验室认可（FT2）	基础设施	
		在管理、经营、技术等方面不断创新（FT1，FT2）	创新平台	
		逐步建立科学的协作创新程序，完善各成员单位协作流程（FT2，NB）	协同机制	

续表

变量		典型引用语举例	关键词	编码结果
内源性驱动因素	合作能力	规范决策程序，完善激励体系，建立合作文化（FT2，NB）	战略管控能力	正确的战略管控下，知识能力与协作能力增强
		逐步在对外协作关系中占据主动地位（FT2，FT3）	合作吸引能力	
		理顺与协作伙伴的协作关系，高度重视与相关各方的协作（FT02，BD）	关系能力	
		技术创新能力、学习能力在不断提升中（FT3）	知识能力	
		形成共同发展的理念；各种协作效率提升（FT2，FT3）	协作互动能力	
外源性驱动因素	政策环境	政府政策比较有利，大力支持（FT1） 政策执行方面还需提高（FT2）	政策制定与实施	机制环境不断完善，市场环境向好
	机制环境	建立了完整的供产销体系（FT2，FT3）	分工机制	
		风险投资、公共服务机制、创新文化不断完善	服务与文化机制	
	市场环境	市场需求广阔，有很大发展空间（FT3）	消费需求多	
		北方市场需求不断增多，与多家客户建立稳固的联系（FT2）	行业与市场培育	
协同创新行为		公司逐步扩大合作规模，建立大规模的合作网络，与更多外部企业进行先进技术交流与合作（FT2）	协作强度	协同创新行为增强
		开始扩大合作规模，与其他先进企业建立联系，不断扩展知识合作领域与合作范围（GW，FT2，FT3）	协作质量	
协同创新绩效		销售市场从山东、河北、东北三省等地逐渐打开南方市场和国外市场（俄罗斯、西班牙等地），直至 2016 年完成全国销售网络布局，市场范围与客户数量不断增加；逐渐打开了市场。（BD，NB，FT3）	过程绩效	协同创新绩效国内先进
		LED 销售量保持年均 30% 以上的增长速度（FT2，NB）	结果绩效	

3. 创新成熟阶段（2017 年初至今）

2017 年，以高科华烨为主体的协作网络进入创新成熟阶段。此阶段企业大力进行技术创新，不断开发新产品新技术，填补国际国内技术空白，抢占 LED 高端市场，引领国际国内发展潮流，由此高科华烨的协作创新进入爆发成熟期。如率先量产 RGB2727/1515/1010 等国际国内领先技术产品，开发 4KP0. 83LED 高端显示产品，自主研发超小间距 Mini LED 产品 H0. 833，户外 1921 系列产品成功领跑 LED 户外领域等，产品性能不断提升，在行业内的话语权逐步增强，获得省级转型发展标杆企业、优秀企业、最佳封装企业品牌等多项荣誉，品牌崛起。在技术领先的大好形势下，公司不忘夯实制度基础，2019 年起，公司启动改革重组，颠覆传统价值创造模式，开始打造生态化价值创新模式，在合作网络、产供销价值链成员之间建立平衡、共享、和谐的关系（Fisher and Smith，2011），通过共同决策、共同实施、灵活调整（Pimentel，2010）等方式打造良性生态供应链，进行了稳健的制度创新。为做好此项工作，公司积极进行资本运作，举牌上市企业，入股上游企业，上市步伐全面提速，力争获得长远稳定发展，稳固在本行业的领先地位。另外集团还得到了国家发改委挂牌奖励，荣列产业转型升级示范区中央投资项目，荣获国务院 1500 万元的专项资金支持，标志着高科集团核心竞争力进一步提升，进一步巩固了高科华烨在全国 LED 的龙头地位。本阶段协同创新绩效显著，2020 年末销售额超过 35 亿元；拥有专利近 300 项，是全省专利平均拥有量的 74 倍，是全国万人平均发明专利拥有量的 8. 6 倍；销售网络遍布全国所有省份，并喜获欧盟、俄罗斯等多国海外商标权，在美国、印度、巴西、韩国等 20 多个国家的商标注册申请也被受理，“GKGD”品牌在国外影响力不断增强，2020 年实现外贸出口额 8000 余万元，年出口同比增长 77. 8%，海外市场大放异彩！

高科华烨协作网络创新成熟阶段的相关数据编码如表 6. 4 所示。本阶段内部条件与外部环境的机会得到充分利用，协作能力得到充分发挥，创新行为不断增强，成为国内龙头，国际知名企业，创新协作成效显著。

表 6.4　　高科华烨创新成熟阶段数据编码

变量		典型引用语举例	关键词	编码结果
内源性驱动因素	创新条件	集团得到国家发改委挂牌奖励，荣列产业转型升级示范区中央投资项目，获得国务院 1500 万元的专项资金支持（BD）	创新资源	资源条件、基础设施与创新平台成熟
		找准 LED 小间距箱体、户内外系列、透明屏系列等多项技术空缺研发新产品（FT2，FT3）	技术资源	
		不断完善激励机制，形成了多种激励方式相结合的新的激励体系；不但重视员工激励，还重视合作者激励与客户激励（FT2，FT3）	人力资源	
		通过政府渠道、高校科研院所、国内外市场、生意伙伴等多种渠道收集信息，尽力获取有用资源（FT3）	信息资源	
		软硬件设施完备，高科检测中心影响力不断增强（FT2）	基础设施	
		建设生态化协作网络，团结各方力量，实现可持续发展（FT2）	创新平台	
		对原有管理流程、组织结构、生产流程进行重新审视与思考，形成生态化价值创新模式（FT2）	协同机制	
	合作能力	对 LED 产品发展短中长期目标进行优化，建立滚动计划，形成动态愿景，建设生态化协作网络（FT2，NB）	战略管控能力	各项能力均增强
		建立的国家级实验室为平台，彰显集团的能力与发展潜力，知识合作与交流更容易了。不断有企业和客户前来洽谈合作（FT2，FT3）	合作吸引能力	
		与国内多家先进企业建立合作关系，与政府等关系稳固（FT2）	关系能力	
		不断探索改进，大大提升了知识创造与技术开发能力；通过交流不断学习他人的长处和优势，实现知识互补（FT2，FT3）	知识能力	
		建立大规模的合作网络，与更多外部企业进行先进技术交流与合作，形成了知识顺畅流动的知识创造网络（FT2，FT3）	协作互动能力	

续表

<table>
<tr><th colspan="2">变量</th><th>典型引用语举例</th><th>关键词</th><th>编码结果</th></tr>
<tr><td rowspan="4">外源性驱动因素</td><td>政策环境</td><td>充分利用来自政府的支持，加强政企合作（FT1，FT2，NB）</td><td>政策制定与实施</td><td rowspan="4">机制环境更加完善，市场环境更优</td></tr>
<tr><td rowspan="2">机制环境</td><td>加强市场共建，与原料供应商、销售方、客户共建协作关系，形成良好的机制环境（FT3，NB）</td><td>分工机制</td></tr>
<tr><td>全力建设完善各项协作机制，实现政、产、学、研的生态化运行（FT2）</td><td>服务与文化机制</td></tr>
<tr><td>市场环境</td><td>打造一整套客户体验、客户参与、客户引导的市场运营新模式，形成与市场相互了解共同发展的局面（FT2，NB）</td><td>行业与市场培育</td></tr>
<tr><td colspan="2" rowspan="2">协同创新行为</td><td>不断扩展知识合作领域与合作范围（GW，FT2，FT3）</td><td>协作强度</td><td rowspan="2">协同创新行为成熟</td></tr>
<tr><td>2018 年取得国家、行业技术标准制定资格（FT3）率先量产 RGB2727/1515/1010 等国际国内领先技术产品，产品性能不断提升，陆续推出各类先进技术产品（FT3）</td><td>协作质量</td></tr>
<tr><td colspan="2" rowspan="2">协同创新绩效</td><td>销售网络遍布 31 个省份，取得多国商标权，出口同比增长 80% 以上，2020 年共拥有专利近 300 项（FT2，GW）</td><td>过程绩效</td><td rowspan="2">协同创新绩效国内领先，国际知名</td></tr>
<tr><td>LED 产品位列全国第二，封装业务位列全国第三，注塑业务占到全省的 80%，并连续获得国家实验室检测认证、最佳封装企业品牌、省市转型发展标杆企业、国家与行业技术标准制定资格等一系列荣誉（FT2，GW）</td><td>结果绩效</td></tr>
</table>

6.4 案例讨论

从案例发现可以看出，高科华烨协同创新过程中的内源性驱动因素（包括创新条件和合作能力）和外源性驱动因素（包括政策环境、机制环境和市场环境）对协同创新行为和协同创新结果影响巨大，影响机理及演变趋势总结如下：

在创新初始阶段，高科华烨面临的资源条件强弱不等，所拥有的资金、土地等条件较好，但新技术、专业人才、协作网络、信息资源等条件均较弱；在合作能力上，战略管控能力与关系能力较强，但合作吸引能力、知识能力、协作互动能力较弱；外源性驱动因素的政策环境与市场环境较好，但机制环境较弱。从内在逻辑上来看，整体较弱水平的协同创新条件与合作能力导致企业协同创新网络不论是在协作强度还是在协作质量上均存在较大问题。虽然外部环境的政策支持程度较高，市场需求前景广阔，但相对较弱的政策执行力度、产业分工和服务文化机制、市场培育水平并不能对协同创新行为与创新绩效起到明显的促进作用，因而不论是收入、竞争地位、技术水平等方面均处于国内落后水平。因此高科华烨该阶段创新战略的特点是依靠企业家的战略管控能力，充分利用已有条件，把握有利机会进行转型创新。但由于不足之处过多，尤其是技术能力不足，导致创新失败的风险非常大。因此处于该阶段的企业应当在利用机会的同时，充分调动各种资源建立协作关系，克服技术等关键缺陷，通过能力提升、机制创新支持技术消化吸收，使企业在新领域站稳脚跟。由于此阶段是以资源利用、协同关系建设为主要内容，因而把此阶段的创新导向命名为开辟式创新导向。

在创新成长阶段，随着专业技术人才的引进与协同创新技术团队的建立，技术吸收与利用水平得以提高，加上管理、经营、协作流程的不断完善，创新条件利用的不确定程度降低；在正确的战略管控指引下，知识能力与协作能力得到增强，与原有较强的关系能力相结合，导致企业创新网络的合作能力得到提升；相对来讲，政策环境变化较慢，但仍在完善；机制环境提升较多，市场培育机制逐步形成。从内在逻辑上来看，获得提升的协同创新条件与合作能力导致企业协同创新网络不在协作强度还是在协作质量上有了较大改进，再加上不断完善的政策、机制与市场环境的调节作用，使得对创新网络成员的协同创新行为与创新绩效起到明显的促进作用，因而不论是收入、销售水平、市场竞争地位等方面均有明显提升，产品市场逐步扩大，销售量快速增长，产品达到国内先进水平。该阶段创新战略的特点是创新失败的风险变小，发展重点在于弥补差距，改进不足，条件、能力与创新同步推进。由于此阶段是以提升、成长为主要内容，因而把此阶段的创新导向命名为效率式创新导向。

在创新成熟阶段，高科华烨面临的创新条件、合作能力与外部环境的确定性程度均较高，内外源驱动力得到充分发挥，协同创新行为的两个变量协作强度与协作质量表现出新的发展特点。从内在逻辑上来看，较强的协同创新条件与合作能力导致企业协同创新行为不断成熟，再加上更加完善的政策、机制与市场环境的调节作用，使得对创新网络成员的协同创新行为与创新绩效起到巨大的促进作用，因而不论是收入、销售水平、市场竞争地位等方面均有巨大提升，产品市场稳固中不断扩张，销售量仍旧快速增长，产品达到国内领先、国际知名水平，协同创新成效显著。该阶段创新战略的特点是企业实力较强，协同创新机会较多，形成全面深入创新态势，只要不出现重大决策失误，企业就能稳步发展进而实现赶超。由于此阶段是以变革、创新为主要内容，具体在生态化协作创新、知识创新和环境共建方面均做了大量工作，因此将此阶段的创新导向描述为持续性创新导向。

从纵向演变来看，高科华烨在转型创新的3阶段经历了“资源利用+关系建设”（开辟式创新导向）到“能力提升+协作成长”（效率式创新导向）再到协同创新网络生态化变革（持续性创新导向）的转换，企业协同创新的结果也从国内一般到国内先进再到国内领先且国际先进的发展过程。在创新初始阶段，仅有少数内外源驱动因素较强；追赶成长阶段，需提升内外源驱动因素相关变量，加强效率式创新；创新成熟阶段，内外源驱动因素与创新均较强，共同推动企业实现创新赶超目标。这也验证了第5章得出的研究结论：只有各类驱动因素共同增强时才能最大化地发挥其驱动效果；政策环境在创新初始阶段对协同创新绩效的影响较大，但在后两个阶段，市场环境和机制环境才是影响企业网络协同创新绩效的主要力量。创新转型机制与具体演变路径如图6.2所示。

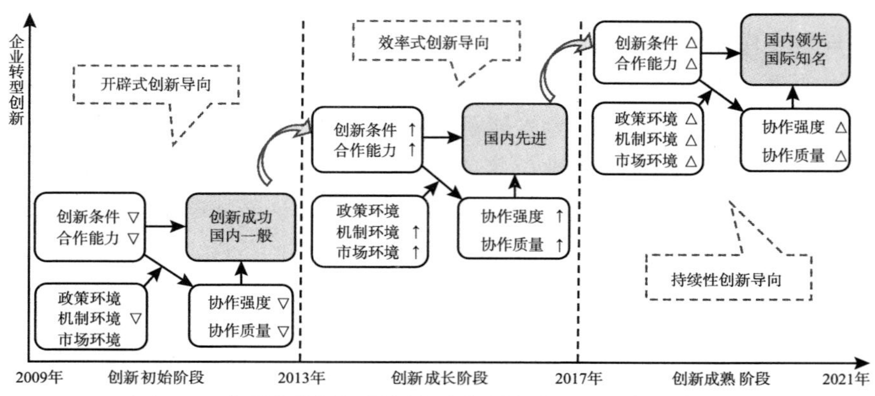

图6.2 高科华烨协同创新各阶段创新作用机制与演变路径

注：▽代表弱，↑代表提升，△代表强。

本章的案例研究结论对新时代背景下，我国传统企业实现转型创新有一定的启发意义。

首先，进入创新发展时代，在新型工业化、信息化等发展理念影响下，传统工业企业发展必然受到冲击，企业应及时转换发展思维，审慎判断未来发展前景，抓住各种机会，适时做出协同创新决策，使企业从价值追求向价值共创方向迈进。

其次，创新初期面临的风险巨大，加上发展惯性、落后的思想观念和各类障碍的存在，许多企业需要较强推动力才能进行创新行为，因此需要政府在资金、土地、政策、辅助性机制等方面给予必要的引导与扶持。

最后，不同创新导向引导企业创新的方向不同。企业应注意对资源利用、协作能力和外部环境各因素组合的差别化利用，根据自身组织与环境特点选择适合自身特点的创新导向与发展策略，最大化赋能企业，从而实现可持续发展。

6.5 本章小结

本章的主要工作是继第 3 ~ 第 5 章的研究之后，使用案例分析法进一步验证第 3 章做出的理论假设。

首先，选定山西高科华烨电子集团有限公司（高科华烨）为研究样本，研究其建立协同创新网络进行协同创新的过程机理。通过 4 个渠道获取来源数据，涉及 3 个不同阶段的收集过程。

其次，对山西高科华烨电子集团有限公司进行了案例阐述；进行了 4 步的数据分析介绍，即按照时间顺序将案例汇总整理为“历史事件库”，进行了创新初始阶段、创新成长阶段和创新成熟阶段 3 个阶段的划分，进行 7 项关键变量的背靠背独立编码，反复验证构念之间的联系并逐步确认所涌现的理论模式。

最后，根据构建好的 3 个阶段进行编码分析与描述，形成 3 阶段的案例发现，并进行案例讨论。从案例发现可以看出，创新初始阶段不足之处较多，为开辟式创新导向；创新成长阶段各方面内容得到提升，发展重点在于弥补差距，改进不足，为效率式创新导向；创新成熟阶段形成全面深入创新态势，为持续性创新导向。

第 7 章

企业网络协同创新治理策略研究

本书第 3 章通过扎根理论质性分析法归纳出了企业协同创新网络的 7 大创新要素，这些要素相互作用，有机协调，形成了有机协同创新系统。第 4 章实证检验了第 3 章建立的理论模型，验证了相关研究假设，使我们认识到，要想使企业网络协同创新获得最大化创新绩效，必须充分调动企业网络成员的创新积极性，提升协同创新行为的强度与质量。但强度与质量的提升又依赖于企业网络内源性驱动因素与外源性驱动因素的驱动作用。第 5 章通过系统动力学方法对企业网络协同创新要素的动态关系进行了仿真模拟，结果表明，内源性驱动因素创新条件与合作能力、外源性驱动因素政策环境、机制环境和市场环境在对企业网络协同创新行为和协同创新绩效的影响上发挥着不同的作用，加大驱动力度或减少创新阻力均可提升创新效果。第 6 章通过案例分析进一步验证了 7 项协同创新要素的作用。本章以前几章的研究结论为基础，进行企业网络协同创新治理策略研究。

7.1 企业网络协同创新治理的基本思路

本书第 3 章得出的企业网络协同创新 7 大要素构成了本章企业网络协同创新治理的基础。通过分析，本书将这 7 大要素分为 3 个治理维度，目标与绩效维度、治理主体维度和驱动因素维度。在企业网络协同创新治理过程中，这 3 个维度相互联系却发挥着不同作用。企业网络协同创新治理的三维结构如图 7.1 所示。

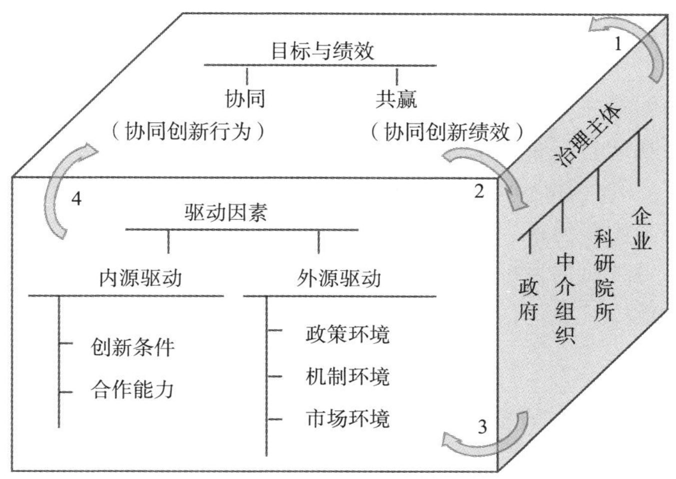

图 7.1　企业网络协同创新治理三维结构

图 7.1 中，目标与绩效维度是企业网络协同创新治理的出发点和落脚点，它为企业网络协同创新治理提供标准与依据，为创新绩效的实现提供努力的方向。网络组织治理的目标可以归结为协同与共赢，首先实现企业创新主体行为的协同，之后实现创新绩效的提升，这两项目标在本书中体现为协同创新行为和协同创新绩效两项创新要素。治理主体维度包含的治理主体包括企业、科研院所、中介组织及政府。根据第 2 章对企业协同创新网络的界定，以企业为企业网络协同创新的核心主体，科研院所、中介组织及政府是协同创新网络的辅助主体，这些企业网络协同创新的利益相关者，通过一定的方式建立联系形成企业协同创新网络，各尽其责，共同保证协同创新活动的顺利进行。驱动因素是在治理主体关注目标实现绩效的战略导向下必须满足的条件或路径因素。此维度包含的具体内容即本书第 3 章所确定的另外 5 项创新要素，归纳为内源性驱动因素和外源性驱动因素两大类。驱动因素的作用发挥由各类相关创新主体来主导，它们在创新目标的指引下，共同从事创新活动，充分发挥自身优势，实现资源互通、优势互补，最终实现协同与共赢的创新目标。

通过分析企业网络协同创新的三个治理维度之间的关系，可知此三个维度通过图 7.1 箭头所示的 4 个步骤可以实现有机循环。首先，治理主体根据自身特点和实际情况制定企业网络协同创新目标，设定目标实现的绩效评价标准或依据；其次，政府、科研院所、企业等不同创新主体以创新目标为指引，在核心主体企业的带动下，根据各自所涉及的领域开展工作，进行创新活动或辅助创新活动；再次，这些主要或辅助的创新活动即形成创新驱动力，内源性驱动力与企业主体紧密相关，外源性驱动力是创新企业发挥作用进行能量交换的外部环境要素；最后，通过内外源驱动力的共同作用，实现企业网络协同创新目标，这些目标通过协同创新绩效体现出最终结果。之后开始进行下一阶段的目标—主体—驱动—绩效的有机循环，使企业网络协同创新治理体系持续发挥作用。

7.2 目标与绩效维度的治理

从事企业网络治理研究的学者们对企业网络治理目标已有了相对成熟的观点。企业网络治理可以实现对网络的维护与协调（彭正银，2003），可以遏制机会主义行为，挖掘不同企业价值，实现资源互补，实现网络高效运作（孙国强，2005），可以归结为协同与共赢目标（孙国强，2016）。借鉴学者们对企业网络治理目标的认识，本书亦认为企业网络协同创新的治理目标即协同与共赢，它们是企业网络主体协同创新的基本动因，其中过程目标是实现协同效应，结果目标是追求共赢的结果。本书所研究的企业网络协同创新行为即为协同的过程目标，也是实现共赢的手段或过程，使创新合作各方相互学习交流、彼此整合资源，形成 1 +1 >2 的合力作用，此合力作用的结果即为协同创新绩效。总之，协同创新目标的制定为企业网络协同创新成员指明了共同努力的方向，实现双赢甚至多赢即为目标的表现结果。因而企业网络协同创新是以目标和绩效为导向的治理过程，作为企业网络协同创新治理的第一个步骤，目标的制定至关重要。

国内学术界与实践界已经对企业网络协同创新的共赢目标有较为清晰的认识，但对协同的认识及治理还存在不足。第一，企业网络协同创新成员应达成对协同创新目标的共识，认识到建立企业协同创新网络的目标不仅是提升企业的创新收益、提升市场竞争力、降低成本等方面的结果绩效，更应当加强对“协同”目标的共识，实现研发、生产运营、管理、投资等多方面的协同行动，协同是共赢的基础，缺乏协同的创新行为很难实现共赢绩效；第二，企业网络协同创新的目标必然会与各类创新主体的个体目标有所差异，如何使这些目标既能满足网络成员协同的要求又符合自身利益，实现多个主体与多重目标的统一与一致性，是目标制定需考虑的问题；第三，协同创新目标的制定需要综合考虑合作伙伴间的关系价值与资源互补程度，还要考虑合作伙伴的文化背景、所属地域、组织特点等因素，尽量避免或防范合作过程中产生的冲突与矛盾，增强成员间的理解与信任，尽可能在复杂的创新合作关系中找到一致的创新目标，为提升企业网络协同创新行为质量，实现协同创新的共赢指明清晰的方向，打好坚实的基础。

7.3 创新利益主体维度的治理

企业协同创新网络内的企业是该系统内协同创新的主体，科研院所、政府以及中介组织则是辅助主体，它们均为协同创新的利益相关者。因此企业网络协同创新绩效的提升离不开它们的作用的发挥。

7.3.1 政府作用的发挥

政府可以在企业网络协同创新相关法律政策的制定、执行与调控市场方面发挥巨大作用。第一，完善与企业网络协同创新相关的法律制度，比如通过法律条文清晰界定企业网络协同创新各方主体在协同过程中的权力与职责，促使科研成果的顺利转让与使用；通过激励制度和补偿制度的制定，给企业协同创新网络主体充分的信任预期，推动产学研深入合作；通过保护制度明晰产权归属与收益分配问题，激发协同创新各方的创造力（文学国，2018）等。第二，通过各项政策的制定发挥政策导向作用。比如，良好创新环境的营造，财政资金对协同创新的引导，区域创新网络发展措施的制定，创新人才支持计划的制定与实施等，积极发挥正确的政策导向作用，鼓励原始创新，推动各方面创新资源的支持，全力推动企业网络协同创新活动的积极开展。第三，可以对资金、科技和教育等方面的资源进行合理分配，为企业网络协同创新提供基础性的科研资源支持，大力鼓励开展基础性、公益性和原始性创新活动，满足企业、用户和环境的创新需求（刘畅和李建华，2019），引导推动企业协同创新网络形成稳定的协同关系（王海花，2019）。第四，通过各项措施促进技术传播机制、风险投资机制、公共服务机制和创新文化机制等机制的形成（崔和瑞和王欢歌，2019），充分激发创新人才的积极性，推动创新成果的引进、消化、吸收和转化，使得原始技术创新能够迅速转化为实际价值。第五，政府还可以在行业规则的制定与监督、市场培育机制的形成、创新产品需求引导方面发挥应有作用。

但是政府作为企业网络协同创新治理的重要主体也要注意治理过程中"度"的控制，制定政策时既要能够填补政策空白，又要防治政策过溢、过滥（王帮俊和朱荣，2019）。既要防止各种类型的政策相互冲突，影响执行效率，还要提升政府政策完善度和透明度。此外，还应在把控全局、协调各方、把握市场动向的专业能力方面下功夫。

7.3.2 中介组织作用的发挥

企业网络协同创新中涉及的各类社会性、技术性、执行性、服务性中介组织，它们为企业网络协同创新活动提供服务、沟通、协调、公证、监督等专业性服务，应当在企业网络协同创新治理中起到应有的能动作用。比如行业协会（组织），其在向政府传达企业协同创新现状与需求、寻求政策支持、协助并监督政府制定并实施相关行政法规、协调企业行为、解决某些争议问题、开展相关教育与培训服务、强化信息互通、提供资源便利机会等方面起着重要的协调作用；基金会在对相关创新项目进行资助、吸纳分散资源、鼓励创新、推动交流等方面可以发挥重要作用；律师事务所、会计师事务所等组织为企业网络协同创新提供必要的法律与会计服务；人才交流中心为企业网络协同创新提供必要的人才资源和人才交流服务等。

充分发挥中介组织在企业网络协同创新治理中的作用，一方面可以转变政府职能，减轻政府负担，减少政府对企业协同创新活动的过多干预，增强企业网络协同创新自主性与能动性；另一方面可以充分发挥中介组织在各自领域的专长，帮助企业网络提高协同创新质量，提升协同创新绩效。

7.3.3 科研院所作用的发挥

科研院所主要包括从事科学技术研究的高校、科研机构、学会等社会实体，它们通过学术研究、学术交流等活动，促进各类知识的继承与创新，推动科学技术的发展。企业可以通过与它们成立联合实验室、进行科技知识交流、引入技术合作等方式，在技术、产品和应用等方面进行深入而广泛的创新协作。

高校是从事科学研究的主要组织，我国十分重视高校的创新作用，早在 2011 年教育部与财政部印发的《2011 协同创新中心建设发展规划》等三个文件中，就强调了高校在建设协同创新中心项目中的重要作用。

除了高校外，也不可忽视科研机构和学会等社会实体的作用，它们对高校作用的不足形成有益补充。总之，在企业网络协同创新治理中，科研院所可以利用自身的特色与优势力量，汇聚大量的创新要素与资源，比如人才资源，通过对企业网络协同创新进行指导、协作研发、举办交流活动等多种形式的合作，实现满足本行业、本区域、本组织特色的协同创新成果产出，推动企业网络协同创新的发展。

7.3.4　企业作用的发挥

企业是企业网络协同创新的核心主体，它在协同创新过程中起着关系建立、创新发起、合作引导、技术推动等多方面的作用。

首先，企业在协同创新关系建立方面的作用。企业协同创新关系的构建模式有两种：其一是政府引导的自上而下构建模式；其二由是创新主体自发形成的自主参与模式。协同类型包括大学科技园模式、企业孵化器模式、合作研究中心模式、契约合作研究模式、咨询协议模式、技术入股模式等（文学国，2018）。企业可以根据自身实际选择合适的协同创新方式。通过与外部创新主体建立合作关系，使创新模式走向系统化和网络化，不但可以有效解决创新的复杂性和不确定性问题，也成为企业整合创新资源、提高创新效率、提升创新绩效的有效途径。并且得益于现代科学技术的发展，企业网络协同创新在沟通、交流、协作等方面的成本大大降低，企业创新合作关系建立的范围也在不断扩展，从县市到省域外，甚至跨越国界线。

其次，企业在创新发起、合作引导、技术推动等方面也起着主要作用。企业是与市场最为接近的组织，也最了解市场动向和需求，因而在哪些领域进行创新、需要哪些创新技术、与哪些创新伙伴进行等问题上也最有发言权。因此，企业可以在提出创新创意、进行机遇预测、评估创新风险、筹集资金、组织支持、管理支持等方面起到发起、引导与推动作用。

最后，企业在创新条件的建设上起着重要作用。创新资源的搜集与获取、创新基础设施与创新平台的建设、创新团队塑造、协同共赢机制的构建等方面，企业均可发挥主观能动性与创造性，比如构建企业与合作伙伴之间有效的知识转移机制、资源共享机制、联合培养人才机制、人员流动机制等，可以实现创新资源的高度贯通和整合，提升资源创新能效（蒋兴华，2018），增强协同创新网络综合实力。

7.4 驱动要素维度的治理

7.4.1 创新条件的塑造与合作能力的培养

创新条件的塑造是企业网络协同创新活动的起点，创新资源的获取、创新基础设施与创新平台建设、创新网络的组成、协同共赢机制的培养可为企业网络协同创新提供基本的物质、基础、组织、制度等保障。在创新条件具备的前提下，合作能力的培养成为重要内容，战略管控能力、合作吸引能力、关系能力、知识能力、合作互动能力等能力的表现元素，为企业协同创新行为质量提供了能力保障：战略管控能力可以确保协同创新的预期发展方向；合作吸引能力可保证吸引有实力的合作伙伴；关系能力保障与伙伴关系的稳定与发展；知识能力保证知识的有效吸收与转化；合作互动能力保证合作结果实现共赢。因此，创新条件的塑造是企业网络协同创新治理的首要任务，合作能力的培养是企业网络协同创新治理的重要内容。

创新条件的塑造与合作能力的培养一方面依靠企业网络组织自身的努力，另一方面需要政府与社会的帮助与支持。企业自身可以在创新条件的塑造方面做很多工作，比如主动搜索与查找外部资源、进行力所能及的硬件与软件设施建设、积极参与创新网络建设、打造完善的协同共赢机制等。但企业的能力是有限的，很多时候不足以完成所有创新条件的塑造，这时便依赖于政府与社会机构的力量。比如用地审批、公共设施修建、高层次资源的引进、创新资金的提供等。因此政府在提供创新条件方面具备一些先天的优势。在企业较为弱小无能力获取资源、组建企业协同创新网络时，政府可发挥引导作用，为企业提供基础资源条件，营造良好的创新发展环境，搭建协同创新平台，出台激励政策鼓励各类创新主体的交流与协作等。社会机构在为创新主体提供相应信息、获取风险资本、进行创新需求开发、人才资源共享等方面也可以发挥巨大作用（焦智博，2018）。

7.4.2　良好外部创新环境的营造

影响企业网络协同创新行为的主要外部环境要素包括政策环境、机制环境与市场环境，它们是协同创新的外部环境保障。政策环境产生效用的关键在于相关政策的制定与实施过程，包括政策完善度、政策支持度、政策执行效率与政策透明度；机制环境有助于保障创新条件与合作能力作用的充分发挥和提升协同创新行为的质量，包括产业专业化程度、风险投资机制、公共服务机制等；市场环境可以保障创新产品的市场吸收能力，为企业网络协同创新行为提供市场动力，包括行业规范性、市场培育机制和创新产品需求。

外部创新环境的好坏直接影响到协同创新者的积极性，决定内部主体因素产生效用的大小，因此营造良好的外部创新环境十分重要。在此方面，政府应充分发挥宏观引导作用。第一，提升政策完善度。比如制定合理的税负政策，减轻企业税收负担；完善市场监管制度，提升监管效果等。第二，加强政策支持度。比如制定全面的创新制度，大力激发企业协同创新行为，保障创新活动的顺利进行；加强版权保护，制定公平竞争制度，提高惩罚力度，保证创新成果的合法权益等。第三，提升政策执行效率。比如开展政策执行审计评价，加快对创新项目的审批速度，提高审批效率；加快相关配套措施（比如资金拨付）的落实进程；提高多部门配合协同度等。第四，提升政策透明度，使社会各方明晰相关政策，充分发挥社会监督作用，减少某些违规执法和寻租现象。

机制环境与市场环境属于外部中观环境因素，在一定程度上受宏观环境的影响，但又在一定范围内自我发展与完善，它是政府、社会与企业共同作用的结果。产业专业化分工机制提升了不同专业领域下的产业技术水平，但创新的现实又要求不同产业主体之间的配合协作行为，此机制的完善会对企业网络协同创新的效果产生影响，风险投资与公共服务机制可以对企业网络协同创新提供支持与帮助。市场环境是由政府和社会为市场发展提供制度性保障的前提下进行塑造的，经过建立市场标准与规则、培育市场创新氛围、引导创新需求，打造开放、公平、自由的市场环境，对多主体协同创新行为有明显的推动作用。

7.4.3 创新要素的动态配合与调整

创新要素的状况是不断发展运动着的，因此不论是政府、社会机构或者企业均应认识到创新要素作用系统的运动变化特性，关注这些要素的变化情况，及时对企业网络协同创新活动做出调整。企业网络创新主体必须不断搜索外部创新成果的最新发展趋势，关注创新环境的支持力度，及时将创新成果引入本地，实现外部创新要素深度嵌入本地创新环境中，防止出现技术锁定。

政府在制定创新发展政策时应超越本地创新网络的区域界限，制定有利于城市间、区域间互动结网的创新政策，构建不同空间尺度创新联系相互耦合的创新网络，完善本地与外部创新网络间传导机制，实现产业创新政策从本地化集聚发展向经济区域创新集群乃至国家创新网络方向转型。在充分发挥内源性驱动因素作用的同时，要增强对外部创新环境的适应调整能力，不断整合创新内外部资源，及时更新现有知识（王昌林，2018），实现企业网络各类创新要素的协同作用。

7.5 本章小结

本章在第3～第6章研究结论的基础上探讨了企业网络协同创新的三维治理策略，主要包括目标与绩效维度、治理主体维度与驱动因素维度的治理。在企业网络协同创新治理过程中，这3个维度的治理内容各不相同，但通过有机结合，共同形成了企业网络协同创新治理体系。

协同创新目标与绩效维度的治理包括：使企业网络协同创新成员达成协同创新目标共识，满足多个主体与多重目标的统一与一致性，目标制定应考虑合作伙伴间的关系价值与资源互补程度、文化背景、所属地域等因素；相关创新利益主体维度的治理主要阐述了政府、中介组织、科研院所、企业在企业网络协同创新治理中作用的发挥；驱动要素维度的治理主要包括创新条件的塑造与合作能力的培养、良好外部创新环境的营造、创新要素的动态配合与调整3项内容。

本章的主要观点是，企业网络协同创新治理可以通过设计一个有机的治理体系来进行，在这个治理体系中，目标与绩效是治理的出发点和落脚点，协同创新的利益相关者是能够发挥主观能动性的治理主体，驱动因素是在治理主体关注目标实现绩效的战略导向下必须满足的条件或路径因素。这三个维度可以通过 4 个步骤实现有机循环，使企业网络协同创新治理体系持续发挥作用。

第 8 章

结论与展望

8.1 研究结论

本书以协同创新理论、网络组织理论、驱力—诱因理论、协同演化等理论为指导，总结了企业协同创新网络的创新要素，构建了企业网络协同创新要素作用机理模型，使用结构方程方法验证了此模型的可行性，并通过系统动力学仿真模拟探讨了各项创新要素的动态关系。本书的研究对于丰富协同创新等理论，指导政府政策制定与企业创新实践具有重要意义。本书的主要研究结论是：

第一，企业网络协同创新要素包括 7 项，即创新条件、合作能力、政策环境、机制环境、市场环境、协同创新行为和协同创新绩效。这 7 项要素有机结合，形成了企业网络协同创新要素作用机理模型。此模型中，创新条件与合作能力是内源性驱动因素，政策环境、机制环境与市场环境是外源性驱动因素，它们共同作用于企业网络协同创新行为，进而影响企业网络协同创新绩效。

第二，静态实证分析表明，创新条件对合作能力、创新条件对协同创新绩效、创新条件对协同创新行为、合作能力对协同创新行为、政策环境对协同创新行为、机制环境对协同创新行为、市场环境对协同创新行为均发挥着正向促进作用；政策环境、机制环境、市场环境分别正向调节创新条件对协同创新行为、合作能力对协同创新行为的影响；协同创新行为在创新条件、合作能力和协同创新绩效之间起中介作用；从总效应值来看，市场环境对企业协同创新绩效的影响最大，其次是机制环境，最后是政策环境；高新技术企业不能调节合作能力对协同创新行为的关系，创新不是高新技术企业的专利，创新也不是大企业大项目的专利。

第三，动态模拟仿真结果表明，强度值不变时，企业网络各类协同创新要素的基本发展趋势均为逐步增加，内外源驱动因素的变化速率均低于协同创新行为和协同创新绩效的变化速率；强度值变化时，单一某项驱动因素的变动不能够促进协同创新行为和协同创新绩效的快速变化，只有各类驱动因素共同增强时才能最大化地发挥其驱动效果，实现协同创新行为与协同创新绩效的快速发展，产生 1 +1 >2 的效果；企业网络协同创新活动的进行应以内源性驱动力为主，外源性驱动力为辅，但外源性驱动力的存在会增强内源性动力对企业协同创新行为的促进作用；创新阻力的存在会对内外源驱动因素的协同作用产生影响，因而在增强内外源驱动因素强度的同时，应消除创新阻力的影响。

第四，案例分析结果表明，企业网络协同创新共经历 3 个阶段，分别为开辟式创新导向、效率式创新导向和持续性创新导向，在协同创新的不同阶段，7 项协同创新要素的表现各不相同。企业应及时转换发展思维，适时做出协同创新决策，使企业从价值追求向价值共创方向迈进；许多企业需要较强推动力才能进行创新行为，因此需要多方面给予必要的引导与扶持；企业应根据自身组织与环境特点选择适合自身特点的创新导向与发展策略，最大化赋能企业，从而实现可持续发展。

第五，企业网络协同创新的治理应当多维度相结合，充分发挥多维力量，共同促进企业网络协同创新的绩效提升。协同创新目标与绩效维度的治理包括：使企业网络协同创新成员达成协同创新目标共识，满足多个主体与多重目标的统一与一致性，目标制定应考虑合作伙伴间的关系价值与资源互补程度、文化背景、所属地域等因素；相关创新利益主体维度的治理主要应考虑政府、中介组织、科研院所、企业在企业网络协同创新治理中作用的发挥；驱动要素维度的治理主要包括创新条件的塑造与合作能力的培养、良好外部创新环境的营造、创新要素的动态配合与调整 3 项内容。

8.2 管理启示

本书的研究结论对于国家、区域、企业创新具有重要的启示意义。

第一，从协同创新要素的构成来看，7 项创新要素共同作用形成完整的企业协同创新系统，此系统中有动力因素，有行为因素，也有结果因素。结果因素是目标，行为因素是过程，而动力因素则是激励的源头。这 7 项创新要素的侧重不同，但它们一定是相互依存的，因此不论是国家、地方政府还是企业，均应摒弃以往将各项要素割裂对待的还原论观点，建立要素之间紧密相依、各有侧重的系统观点，根据实际需要确定合适的要素协同战略，把握好各要素作用间的平衡。

第二，基于创新任务的复杂性与不确定性，协同创新成为当今社会创新活动的主要方式，企业亦成为协同创新的主要载体。通过与其他创新主体建立创新合作关系，企业可以获取自身缺乏的必要技术和专门知识以满足组织学习的需要，实现社会资源的合理配置，提升资源利用效率和企业创新绩效。因此企业必须积极寻找协同创新的伙伴，建立协作关系，通过协同创新提升企业绩效。但在此过程中应注意协作行为的强度与质量，采取有效措施对企业协作关系进行治理，防范协作过程中可能带来的风险。

第三，内源性驱动因素和外源性驱动因素共同作用可以最大化形成驱动效果，提升企业网络协同创新行为的质量与强度进而提升协同创新绩效，二者各尽所能，各司其职，共同发挥其应有作用。对企业网络创新主体来讲，如何创造良好的内部创新条件，提升合作能力，如何利用好外部环境因素对企业网络协同创新的激励作用，从而采取恰当的参与创新的方式，提升协同创新行为质量，应当受到关注与重视。

第四，重视外部因素的作用，比如充分利用政策因素为企业带来的利好、市场变化导致对创新产品的需求增加等，可以为企业协同创新网络主体带来短期收益，但同时也应防范过于依赖外部环境而忽视内部创新因素的培育。因此企业网络创新主体在充分适应并利用外部环境的同时，应保持自主性，始终将企业实力的提高放在首要位置，坚持内源驱动力为主，外源驱动力为辅的战略导向，从而实现自身的长远发展。

第五，应积极关注并不断完善外部环境因素对企业协同创新的支持，充分发挥政策环境、机制环境和市场环境对企业网络协同创新主体因素和协同创新行为的调节作用。政策环境、机制环境和市场环境水平越高，创新条件和合作能力提升企业网络协同创新行为的程度越大，越能保证企业协同创新行为水平，进而提升协同创新绩效。但政府部门应当充分尊重市场运行规律，尽量减少无效干预，避免违规执法和寻租现象，减少创新阻力，提升政策执行效率。

第六，进入新时代，我国不平衡不充分发展的矛盾越来越突出，其中不同地区发展差异、产业发展差异、企业性质差异是其中几类关键问题。针对这些问题，各级政府尤其是落后地区政府，应认识到本地区在创新资源、制度环境、市场状况、创新文化等方面的特点，着力营造符合本地特色的良好政策环境、机制环境和市场环境，加快培育创新发展新动能，在企业网络协同创新要素的合理配置上下功夫，促进企业网络协同创新行为模式的进化和升级。

8.3 研究局限与未来展望

本书仍旧存在一些不足之处，主要在于：

（1）在更具体指标的相互作用关系上研究不够深入。本书主要讨论了 7 项企业协同创新网络创新要素之间的关系，静态实证与动态仿真均围绕这 7 项要素进行。虽然对这 7 项要素设定了更具体的测评指标，但这些指标仅仅是为获得此 7 项要素的数值而存在的；虽然也对这些具体指标进行了一些讨论，但未对这些具体测评指标的相互作用关系进行深入研究。当然，考虑这些指标之后模型必然会变得非常复杂，无疑会增加分析的难度。今后的研究可以尝试更全面、更深入地分析这些指标的相互作用关系，完善企业网络协同创新要素作用机理模型。

（2）未严格界定调研对象的地域和特征，数据使用来源和变量分析还有可深入探讨之处。首先，本书通过问卷方式获得所需数据，但基于问卷调研难度和时间、经费等方面的影响，未对调研对象的地域分布和样本特征做严格界定；其次，进行系统动力学仿真模拟时主要变量设定为感知值，因而使用的原始数据来源于问卷调查，还有一些使用估算数据，虽然从理论上讨论了其可行性，但仿真过程可否引入实际发生值值得探讨；最后，没有深入分析变量的内生性问题和调研数据的同源性方差问题。未来的研究可考虑扩充样本分布地域，界定样本特征，引入变量实际发生值，深入分析数据的内生性及同源方差问题，进行更多类型的差异化分析，以增加研究结论的解释力。

（3）未考虑新技术背景下企业网络协同创新的治理问题。现代信息技术、互联网技术、大数据分析等技术快速发展，为企业网络协同创新的创新发展及治理提供了新的技术环境。尤其是区块链技术的出现，其去中心化、去信任化、不可篡改、可追溯等特点与传统企业网络的风险控制目标相一致，可以帮助企业协同创新网络资源优化配置、降低机会主义行为、加强数据安全保护，为企业网络解决治理痛点实现高质量创新发展提供了新的机遇与契机。但这些新技术的出现也为企业网络协同创新治理提出了新的命题：企业协同创新网络如何与新技术相融合？如何在融合中对新技术进行完善与应用？新技术与企业协同创新网络的融合模式如何选择？“新技术 + 企业协同创新网络运营”机制如何构建？二者的融合绩效如何测度？这些问题能否解决也会对企业网络协同创新行为产生影响，因而可能是一种新的影响因素，本书在此方面的研究尚存在不足。未来可对大数据、云计算、区块链、物联网等新技术在企业协同创新网络的应用，以及它们对企业网络协同创新行为及创新绩效的影响展开深入系统的研究。

附录

附录1　企业网络协同创新状况访谈提纲

1. 贵企业的创新状况如何？与哪些组织建立了协同创新关系？

2. 本地哪些企业、组织机构对贵企业创新有帮助？影响程度如何？

3. 贵企业对待上下游企业的态度如何？竞争？依赖？其他？

4. 贵企业以什么样的态度看待本地的同行企业？友好？敌视？其他？

5. 您认为自身的创新需要具备哪些方面的条件？

6. 您认为影响自身与其他企业、高校、科研院所、中介组织、政府保持恰当关系的主要因素有哪些？这些因素的影响情况如何？

7. 您认为随着企业的成长和发展，贵企业与这些组织之间的关系会发生什么变化？增强依赖？减少依赖？其他？

8. 您期望通过与合作伙伴的合作创新达成哪些目标？

附录2　企业网络协同创新机理调查问卷

尊敬的先生/女士：

您好！我们正在进行一个针对企业网络协同创新机理的研究项目，旨在通过问卷调查活动，了解国内企业网络协同创新现状，为企业创新发展提供实践依据。调查问卷包括两个部分：第一部分是基础信息部分，主要了解您所在公司的产业领域、发展阶段、所在省份等基础信息；第二部分是主体信息部分，主要了解您公司所属协同创新网络的创新条件、合作能力、外部环境、协同创新行为、协同创新绩效等方面的情况。本次调查不记名，所得数据将通过统一处理并仅用于学术研究，保证不会泄露任何商业机密和个人隐私，请您放心填写。能倾听您的意见，我们感到十分荣幸，感谢您的合作与支持！

联系人：王×　　　联系方式：××××××××

一、基础信息部分

1. 贵公司所属的产业是：（　　）。（可多选）

A. 农林牧副渔业食品　　B. 纺织服装
C. 制造加工　　D. 交通运输业
E. 金属或矿物制品业　　F. 生物医药产业
G. 能源环保产业　　H. 新材料新能源产业
I. 汽车电子与零部件产业　　J. 通信产业
K. 其他产业

2. 贵公司是否被主管部门认定为高新技术企业？是（　　），否（　　）。

3. 贵公司已经成立了（　　）年，贵公司员工总数大约（　　）人。

4. 贵公司目前所处的发展阶段：（　　）。

A. 企业新建的创业期　　B. 销售额快速增长的成长期
C. 销售额趋于稳定的成熟期　　D. 企业销售额萎缩的衰退期

5. 贵公司的合作伙伴（供应商、经销商、研发合作、生产或物流合作、其他合作关系的非最终客户）大约有多少家？（　　）

A. 数量≤50　　　　　　B. 50＜数量≤200

C. 200＜数量≤500　　　　D. 500＜数量

6. 贵公司所在省份：（　　）。

7. 您在公司内是：（　　）。

A. 高层管理人员　　　　B. 中层管理人员

C. 基层管理人员　　　　D. 其他

二、主体信息部分

请就下面有关企业网络协同创新的创新条件、合作能力、政策环境、机制环境、协同创新行为与协同绩效等相关问题进行相应程度的评价（在很差、较差、一般、较好、很好其中之一打√）。

序号	相关内容	程度评价				
	创新条件	很差	较差	一般	较好	很好
1	贵公司所属协同创新网络中的创新资源（人、财、物、信息）实力如何					
2	贵公司所属协同创新网络的有形设施（交通、电力、通信、公用图书馆、公用实验室、公共信息服务机构等）和无形设施（劳动者技术培训、企业家培训等无形服务）建设情况如何					
3	贵公司所属协同创新网络中创新平台、基地、科研创新团队建设成熟程度如何					
4	贵公司所属协同创新网络的规模（参与创新的成员数量）如何					
5	贵公司所属协同创新网络的开放性程度（新成员加入）如何					
6	贵公司所属协同创新网络内成员是否包括不同行业、不同性质、并具备不同技术能力的公司、机构和组织					
7	贵公司与合作伙伴的协同共赢机制如何					

续表

序号	相关内容	程度评价				
	合作能力	很差	较差	一般	较好	很好
8	与业内领先企业相比，贵公司协同愿景、协同构想或协同规划情况如何					
9	贵公司与其他企业进行特定技术和产品协作的能力如何					
10	与同领域领先企业相比，贵公司企业家声誉和社会关系如何					
11	贵公司获取新技术、新知识的容易程度如何					
12	贵公司理解新技术、新知识的能力如何					
13	贵公司新技术、新知识转化为新产品的程度如何					
14	贵公司创新资源（人、财、物、信息等）管理水平如何					
15	贵公司与协同创新伙伴互动共赢的能力如何					
	政策环境	很差	较差	一般	较好	很好
16	政府对企业协同创新相关政策的完善程度如何					
17	政府部门在企业协同创新方面的支持力度如何					
18	政府部门在企业协同创新支持方面的政策执行效率如何					
19	政府部门在企业协同创新支持方面的政策透明程度如何					
	机制环境	很差	较差	一般	较好	很好
20	贵公司所属产业技术专业化程度如何					
21	贵公司所属地域风险投资活跃程度如何					
22	贵公司所属地域公共服务机构（科技园区、孵化器）的功能与水平如何					
23	贵公司所属地域创新文化机制如何					

续表

序号	相关内容	程度评价				
	市场环境	很差	较差	一般	较好	很好
24	贵公司所属行业标准和规则制定规范程度如何					
25	贵公司所属行业引导和培育客户使用新产品的力度如何					
26	贵公司所属市场消费者对使用本领域创新产品的态度如何					
	协同创新行为	很差	较差	一般	较好	很好
27	贵公司与协同创新网络内伙伴之间的技术合作、资源分享、知识转移等合作很频繁					
28	贵公司与协同创新网络内伙伴之间的技术合作、资源分享、知识转移等合作很深入					
29	贵公司与协同创新网络内伙伴之间的关系模式已经成型，长期保持稳定，很少变化					
30	贵公司所属协同创新网络内伙伴之间的信任关系牢固，很少出现投机行为					
	协同创新绩效	很差	较差	一般	较好	很好
31	贵公司通过协同创新获得了更多专利数量					
32	贵公司通过协同创新比业内同行更快地推出新产品和新服务					
33	贵公司通过协同创新与技术学习使产品生产成本得以降低					
34	贵公司通过协同创新促进了自身市场竞争力的提升					

问卷结束，再次感谢您的支持！

参考文献

1. 宾厚、马全成、王欢芳：《政产学研协同创新模式与产业技术创新质量》，载《湖南科技大学学报（社会科学版）》2020 年第 4 期。

2. 蔡姝莎、欧光军、赵林龙等：《高新技术开发区创新体系生态质量评价研究——以湖北省高新区为实证》，载《科研管理》2018 年第 3 期。

3. 蔡启明、赵建：《基于流程的产学研协同创新机制研究》，载《科技进步与对策》2017 年第 3 期。

4. 曹霞、邢泽宇、张路蓬：《政府推动下的军民融合深度发展协同创新模式研究——以西安市为例》，载《运筹与管理》2020 年第 6 期。

5. 曹仰锋：《第四次管理革命：转型的战略》，中信出版社 2019 年版。

6. 陈劲、阳银娟：《协同创新的理论基础与内涵》，载《科学学研究》2012 年第 2 期。

7. 陈怀超、张晶、费玉婷：《制度支持是否促进了产学研协同创新？——企业吸收能力的调节作用和产学研合作紧密度的中介作用》，载《科研管理》2020 年第 3 期。

8. 陈金丹、吉敏、黄晓：《基于网状产业链的数字内容产业园区协同创新研究》，载《科技进步与对策》2016 年第 4 期。

9. 陈强、鲍悦华、李建昌：《德国国际科技合作及其对中国的启示》，载《技管理研究》2013 年第 23 期。

10. 陈衍泰、孟媛媛、张露嘉、范海霞、Dimitris Assimakopoulos：《产业创新生态系统的价值创造和获取机制分析——基于中国电动汽车的跨案例分析》，载《科研管理》2015 年第 S1 期。

11. 程鹏、柳卸林、朱益文：《后发企业如何从嵌入到重构新兴产业的创新生态系统？——基于光伏产业的证据判断》，载《科学学与科学技术管理》2019 年第 11 期。

12. 崔和瑞、王欢歌：《产学研低碳技术协同创新演化博弈研究》，载《科技管理研究》2019 年第 2 期。

13. 崔淼、李鑫、苏敬勤：《管理创新研究的国内外对比及其启示》，载《管理学报》2015 年第 7 期。

14. 陈智国、张文松：《跨区域产业集群协同创新测度研究——基于京津冀区域协作的实证分析》，载《求索》2017 年第 7 期。

15. 崔松虎、刘莎莎：《京津冀高技术产业协同创新效应研究》，载《统计与决策》2016 年第 16 期。

16. 陈西川：《企业协同科技创新动力研究》，载《郑州大学学报（哲学社会科学版)》2015 年第 2 期。

17. 崔永华、王冬杰：《区域民生科技创新系统的构建——基于协同创新网络的视角》，载《科学学与科学技术管理》2011 年第 7 期。

18. 党兴华、成泷、魏龙：《技术创新网络分裂断层对子群极化的影响研究——基于网络嵌入性视角》，载《科学学研究》2016 年第 5 期。

19. 丁玲、吴金希：《企业生态位演化研究：联想跨国并购案例》，载《科研管理》2019 年第 10 期。

20. 董锋、树琳、李靖云、乔均：《产学研协同创新效率及提升路径研究》，载《运筹与管理》2018 年第 10 期。

21. 董秋霞、高长春：《基于模块化理论的创意产业集群知识创新系统运行机制及协同发展评价研究》，载《科技进步与对策》2012 年第 16 期。

22. 董睿、张海涛：《产学研协同创新模式演进中知识转移机制设计》，载《软科学》2018 年第 11 期。

23. 董媛媛、卢斌斌：《行业产业协同创新中心知识扩散网络演化特征与影响因素研究》，载《情报理论与实践》2019 年第 11 期。

24. 戴胜利、李迎春、张伟：《技术创新联盟影响因素与路径框架——基于扎根理论的探索性研究》，载《科技进步与对策》2019 年第 19 期。

25. 方刚、顾莉莉：《基于 SECI 拓展模型的产学研协同创新知识转化行为研究》，载《软科学》2019 年第 6 期。

26. 方炜、王莉丽：《协同创新网络的研究现状与展望》，载《科研管理》2018 年第 9 期。

27. 方炜、王婵、李正锋：《演化博弈视角下军民融合协同创新合作稳定性分析》，载《运筹与管理》2019 年第 9 期。

28. 范斐、连欢、王雪利、王嵩：《区域协同创新对创新绩效的影响机制研究》，载《地理科学》2020 年第 2 期。

29. 冯立杰、闵清华、王金凤、张珂：《中国情境下企业创新绩效要素协同驱动路径研究》，载《科技进步与对策》2022 年第 17 期。

30. 傅羿芳、朱斌：《高科技产业集群持续创新生态体系研究》，载《科学学研究》2004 年第 S1 期。

31. 高霞：《我国产学研协同创新的研究脉络与现状评述》，载《科学管理研究》2014 年第 5 期。

32. 宫淑燕、夏维力：《产业集群与生态文化协同创新关系研究》，载《西北工业大学学报（社会科学版）》2013 年第 1 期。

33. 古耀杰、任艳珍：《人力资本视阈下产业集群与区域创新系统耦合机制研究》，载《科学管理研究》2016 年第 1 期。

34. 桂黄宝、孙璞、江密：《创新资源约束区创新驱动发展形成机制——基于扎根理论的探索性分析》，载《中国科技论坛》2022 年第 6 期。

35. 郭丕斌、周喜君、王其文：《高新区创新系统的层次性特征研究》，载《中国软科学》2011 年第 5 期。

36. 何中兵、史婕、布雨欣：《物联集群企业协同创新力双因素影响效应研究》，载《科技进步与对策》2022 年第 16 期。

37. 何枭、郭丽娜、周群：《基于三螺旋模型的国家实验室协同创新测度及启示》，载《中国科技论坛》2020 年第 7 期。

38. 何郁冰、张迎春：《网络嵌入性对产学研知识协同绩效的影响》，载《科学学研究》2017 年第 9 期。

39. 贺团涛、曾德明：《知识创新生态系统的理论框架与运行机制研究》，载《情报杂志》2008 年第 6 期。

40. 贺一堂、谢富纪：《产学研协同创新的随机演化博弈分析》，载《管理评论》2020 年第 6 期。

41. 侯光文、薛惠锋：《复杂产品系统产业集群协同创新演化博弈分析》，载《求索》2016 年第 4 期。

42. 侯光明、景睿、王俊鹏：《系统视角下协同创新模式的实施策略研究——以新能源汽车企业为例》，载《经济体制改革》2021 年第 1 期。

43. 胡峰、袭讯、黄登峰、张月月、王晓萍、傅金娣:《协同创新知识溢出风险管理框架:表征与认知》,载《科学学研究》2020 年第 6 期。

44. 胡恩华、刘洪:《基于协同创新的集群创新企业与群外环境关系研究》,载《科学管理研究》2007 年第 3 期。

45. 胡珑瑛、刘颖:《协同创新网络冲突的动因及管理策略》,载《理论探讨》2019 年第 1 期。

46. 黄妍、Mark Irvin C. Celis、王国栋:《产业集群协同创新赋能企业核心竞争力研究——以绿色食品产业集群为例》,载《江苏大学学报(社会科学版)》2022 年第 4 期。

47. 黄昊、王国红、邢蕊:《不连续创新模式下企业协同价值创造策略研究》,载《科研管理》2020 年第 3 期。

48. 黄世政、周家贤、朱炎亮:《技术创新能力对创新资源与企业绩效关系的中介效应——以珠三角制造业为例》,载《科技进步与对策》2017 年第 23 期。

49. 黄钟仪、赵骅、许亚楠:《众创空间创新产出影响因素的协同作用研究——基于 31 个省市众创空间数据的模糊集定性比较分析》,载《科研管理》2020 年第 5 期。

50. 蒋开东、詹国彬:《共生理论视角下高校协同创新模式与路径研究》,载《科研管理》2020 年第 4 期。

51. 蒋石梅、张爱国、孟宪礼、张旭军:《产业集群产学研协同创新机制——基于保定市新能源及输变电产业集群的案例研究》,载《科学学研究》2012 年第 2 期。

52. 蒋兴华:《高校协同创新绩效影响因素研究》,载《研究与发展管理》2018 年第 6 期。

53. 纪承:《产业集群的创新生态:组织演化与治理构架》,载《学习与实践》2015 年第 10 期。

54. 焦智博:《装备制造业协同创新网络结构演化与空间特征研究——黑龙江 1985 - 2017 年专利数据分析》,载《科技进步与对策》2018 年第 21 期。

55. 康益敏、朱先奇、李雪莲:《科技型企业伙伴关系、协同创新与创新绩效关系的实证研究》,载《预测》2019 年第 5 期。

56. 李玥、郭航、王宏起、王卓:《基于扎根理论的联盟协同创新激励要素及作用机制》，载《中国科技论坛》2020年第8期。

57. 李小妹、包凤耐：《高校社会资本、协同行为和协同创新绩效的关系研究》，载《科技进步与对策》2017年第4期。

58. 李柏洲、曾经纬、王丹、苏屹：《基于知识行为的企业绿色创新系统协同演化研究》，载《管理工程学报》2020年第5期。

59. 李柏洲、王雪、苏屹、罗小芳：《我国战略性新兴产业间供应链企业协同创新演化博弈研究》，载《中国管理科学》2021年第8期。

60. 李斌、韩菁：《市场导向、多主体协同与创新扩散：基于复杂网络的动态仿真》，载《运筹与管理》2019年第2期。

61. 李君昌、樊重俊、杨云鹏、袁光辉、王来：《制造业企业内部创新行为的演化博弈分析》，载《工业工程与管理》2018年第4期。

62. 李军、朱先奇、张琰：《基于两阶段博弈的中小企业集群协同创新机制研究》，载《经济问题》2018年第2期。

63. 李婧婧、李勇建、刘露、薛克雷：《激励绿色供应链企业开展生态设计的机制决策》，载《系统工程理论与实践》2019年第9期。

64. 李维安：《上市公司治理准则：奠定中国证券市场可持续发展的制度基础》，载《南开管理评论》2002年第1期。

65. 李焱焱、叶冰、杜鹃、肖引、桑建平：《产学研合作模式分类及其选择思路》，载《科技进步与对策》2004年第10期。

66. 李兰、仲为国、彭泗清、郝大海、王云峰：《当代企业家精神：特征、影响因素与对策建议——2019中国企业家成长与发展专题调查报告》，载《南开管理评论》2019年第5期。

67. 梁本部、陈云、谢科范、梁东：《高新区协同创新影响机理分析：以东湖自主创新示范区为例》，载《科技管理研究》2019年第15期。

68. 梁娟、陈国宏：《多重网络嵌入、知识整合与知识创造绩效》，载《科学学研究》2019年第2期。

69. 林少疆、徐彬、陈佳莹：《企业创新网络结构嵌入性对协同创新能力影响的实证研究——共生行为的中介作用》，载《软科学》2016年第6期。

70. 林竞君：《嵌入性、社会网络与产业集群——一个新经济社会学的视角》，载《经济经纬》2004年第5期。

71. 刘畅、李建华：《面向创新生态系统的企业知识整合研究》，载《图书情报工作》2019 年第 10 期。

72. 刘畅、李建华：《五重螺旋创新生态系统协同创新机制研究》，载《经济纵横》2019 年第 3 期。

73. 刘丹、闫长乐：《协同创新网络结构与机理研究》，载《管理世界》2013 年第 12 期。

74. 刘锦英：《核心企业自主创新网络演化机理研究——以鸽瑞公司“冷轧钢带”自主创新为例》，载《管理评论》2014 年第 2 期。

75. 刘军、王佳玮、程中华：《产业聚集对协同创新效率影响的实证分析》，载《中国软科学》2017 年第 6 期。

76. 刘友金、罗发友：《企业技术创新集群行为的行为生态学研究——一个分析框架的提出与构思》，载《中国软科学》2004 年第 1 期。

77. 刘玉莲、张峥：《我国高技术产业协同创新系统协同度实证研究》，载《科技管理研究》2019 年第 19 期。

78. 刘志迎、沈磊、冷宗阳：《企业协同创新实证研究——竞争者协同创新的影响》，载《科研管理》2020 年第 5 期。

79. 刘雪芹、张贵：《创新生态系统：创新驱动的本质探源与范式转换》，载《科技进步与对策》2016 年第 20 期。

80. 刘利平、江玉庆：《企业合作技术创新的风险识别及评价》，载《科技管理研究》2017 年第 5 期。

81. 陆云泉、许爽、刘平青：《协同创新网络与组织创新绩效的关系》，载《北京理工大学学报（社会科学版）》2018 年第 5 期。

82. 鲁若愚、张鹏、张红琪：《产学研合作创新模式研究——基于广东省部合作创新实践的研究》，载《科学学研究》2012 年第 2 期。

83. 马国勇、石春生：《合作关系、吸收能力对合作风险的作用——基于竞争企业间 R&D 合作的实证研究》，载《预测》2013 年第 2 期。

84. 倪渊：《核心企业网络能力与集群协同创新：一个具有中介的双调节效应模型》，载《管理评论》2019 年第 12 期。

85. 欧光军、雷霖、杨青、王龙：《高技术集群企业创新集成能力生态影响因素识别与优化研究——以湖北武汉东湖国家高新区为实证》，载《科学管理研究》2015 年第 6 期。

86. 欧光军、雷霖、杨青、王龙：《高技术产业集群企业创新集成能力生态整合路径研究》，载《软科学》2016 年第 2 期。

87. 潘健平、潘越、马奕涵：《以“合”为贵？合作文化与企业创新》，载《金融研究》2019 年第 1 期。

88. 彭华涛、范丹：《中国“谷”现象的协同创新机理：社会网络的分析视角》，载《中国科技论坛》2013 年第 6 期。

89. 彭伟、马越：《悖论式领导对团队创造力的影响机制——社会网络理论视角》，载《科技进步与对策》2018 年第 22 期。

90. 彭新敏、郑素丽、吴晓波、吴东：《后发企业如何从追赶到前沿？——双元性学习的视角》，载《管理世界》2017 年第 2 期。

91. 綦良群、吴佳莹、王智慧：《先进制造企业协同创新网络知识共享的演化博弈》，载《计算机集成制造系统》2022 年第 14 期。

92. 钱雨、吴冠霖、孙新波、赵浩彤：《产学研协同创新成员协同行为构成要素及关系研究》，载《科技进步与对策》2015 年第 16 期。

93. 任宗强、吴海萍、丁晓：《中小企业内外创新网络协同演化与能力提升》，载《科研管理》2011 年第 9 期。

94. 史宝娟、郑祖婷：《创新生态系统协同创新合作机制研究——进化心理学视角》，载《科技进步与对策》2017 年第 21 期。

95. 苏敬勤、刘静：《案例研究规范性视角下二手数据可靠性研究》，载《管理学报》2013 年第 10 期。

96. 苏敬勤、林菁菁、张雁鸣：《创业企业资源行动演化路径及机理——从拼凑到协奏》，载《科学学研究》2017 年第 11 期。

97. 苏郁锋、吴能全、周翔：《制度视角的创业过程模型——基于扎根理论的多案例研究》，载《南开管理评论》2017 年第 1 期。

98. 孙国强：《网络组织理论与治理研究》，经济科学出版社 2016 年版。

99. 孙国强、李维安：《网络组织治理边界的界定及其功能分析》，载《现代管理科学》2003 年第 3 期。

100. 孙永磊、宋晶、陈劲：《组织创造力形成的影响因素探索及实证研究》，载《科学学与科学技术管理》2018 年第 8 期。

101. 孙天阳、成丽红：《中国协同创新网络的结构特征及格局演化研究》，载《科学学研究》2019 年第 8 期。

102. 孙荣臻：《中低技术企业协同创新模式与机制研究》，载《科学管理研究》2019 年第 5 期。

103. 孙聪、魏江：《企业层创新生态系统结构与协同机制研究》，载

《科学学研究》2019 年第 7 期。

104. 唐厚兴、梁威：《市场因素对企业间协同创新知识共享意愿影响研究》，载《科技管理研究》2019 年第 24 期。

105. 汪安佑、高沫丽、郭琳：《产业集群创新 IO 要素模型与案例分析》，载《经济与管理研究》2008 年第 4 期。

106. 汪秀婷、程斌武：《资源整合、协同创新与企业动态能力的耦合机理》，载《科研管理》2014 年第 4 期。

107. 王帮俊、朱荣：《产学研协同创新政策效力与政策效果评估——基于中国 2006 ~ 2016 年政策文本的量化分析》，载《软科学》2019 年第 3 期。

108. 王博：《价值网络内企业开放式协同创新研究》，上海社会科学院博士论文，2019 年。

109. 王发明、彭长虹：《中小企业及新创企业与创新生态系统领导企业合作意愿博弈分析》，载《科技进步与对策》2017 年第 23 期。

110. 王国红、邢蕊、唐丽艳：《区域产业集成创新系统的协同演化研究》，载《科学学与科学技术管理》2012 年第 2 期。

111. 王海花、谢萍萍、熊丽君：《创业网络、资源拼凑与新创企业绩效的关系研究》，载《管理科学》2019 年第 2 期。

112. 王建平、吴晓云：《竞合视角下网络关系强度、竞合战略与企业绩效》，载《科研管理》2019 年第 1 期。

113. 王济武：《集群式创新理论与实践》，清华大学出版社 2016 年版。

114. 王庆金、袁壮、蒋天峰：《随机因素干扰下协同创新系统知识共享策略研究》，载《科技管理研究》2019 年第 10 期。

115. 王胜光、程郁、刘会武：《高新区创新中国——对 20 年国家高新区发展的总结评价及对未来发展的思考》，载《中国科学院院刊》2012 年第 6 期。

116. 王松、盛亚：《不确定环境下集群创新网络合作度、开放度与集群增长绩效研究》，载《科研管理》2013 年第 2 期。

117. 王文华、张卓、蔡瑞林：《开放式创新组织间协同管理影响知识协同效应研究》，载《研究与发展管理》2018 年第 5 期。

118. 王伟光、冯荣凯、尹博：《产业创新网络中核心企业控制力能够促进知识溢出吗?》，载《管理世界》2015 年第 6 期。

119. 王萧萧、蒋兴华、朱桂龙、许治：《伙伴特性、伙伴关系与协同创新绩效——基于“2011 协同创新中心”的实证研究》，载《中国科技论坛》2018 年第 4 期。

120. 王新红、李世婷：《基于改进熵值法的中国制造业创新驱动能力评价研究》，载《商业研究》2017 年第 1 期。

121. 文学国：《法治驱动下的美国政企学协同创新机制》，载《国外社会科学》2018 年第 6 期。

122. 吴爱华、苏敬勤、杜小军：《专用性投资、知识及环境对合作创新决策的影响》，载《管理学报》2014 年第 4 期。

123. 吴洁、车晓静、盛永祥、陈璐、施琴芬：《基于三方演化博弈的政产学研协同创新机制研究》，载《中国管理科学》2019 年第 1 期。

124. 吴金希、孙蕊、马蕾：《科技治理体系现代化：概念、特征与挑战》，载《科学学与科学技术管理》2015 年第 8 期。

125. 吴绍波、顾新、吴光东、龚英：《新兴产业创新生态系统的技术学习》，载《中国科技论坛》2016 年第 7 期。

126. 吴卫红、丁章明、张爱美：《基于双轮驱动的多元主体协同创新演化博弈分析》，载《商业研究》2018 年第 8 期。

127. 吴钊阳、邵云飞、冯路：《资源基础理论视角下的协同创新网络演化机制与模型研究》，载《电子科技大学学报》2020 年第 4 期。

128. 吴晓波、付亚男、吴东、雷李楠：《后发企业如何从追赶到超越？——基于机会窗口视角的双案例纵向对比分析》，载《管理世界》2019 年第 2 期。

129. 武学超、罗志敏：《四重螺旋：芬兰阿尔托大学地域性创新创业生态系统模式及成功经验》，载《高教探索》2020 年第 1 期。

130. 卫林英、张荣光、王格格、佘红伟：《基于知识链、产业链的陕西省高新技术产业协同创新发展探析》，载《科学管理研究》2020 年第 1 期。

131. 魏江、李拓宇：《知识产权保护与集群企业知识资产的治理机制》，载《中国工业经济》2018 年第 5 期。

132. 韦文求、林雄、盘思桃、刘洋：《地区产业集群协同创新网络模式与机制——基于广东专业镇的典型案例分析》，载《科技管理研究》2018 年第 5 期。

133. 温芳芳：《基于专利文献计量的我国校企科研合作现状分析》，载《情报杂志》2014 年第 12 期。

134. 温忠麟：《实证研究中的因果推理与分析》，载《心理科学》2017年第1期。

135. 武健、曹丽霞、黄琪华、许磊、张军：《“互联网+”背景下再生资源产业协同创新三方演化博弈研究》，载《中国软科学》2021年第12期。

136. 吴卫红、赵鲲、张爱美：《企业协同创新风险对创新绩效的作用路径研究》，载《科研管理》2021年第5期。

137. 项玉卿、聂雅、索贵彬：《基于知识链的制药产业协同创新研究——以我国医药制造业为例》，载《科技进步与对策》2015年第16期。

138. 项国鹏、项乐毅：《环境动态性、企业家战略能力与企业绩效》，载《商业研究》2013年第5期。

139. 解学梅、刘丝雨：《协同创新模式对协同效应与创新绩效的影响机理》，载《管理科学》2015年第2期。

140. 解学梅、霍佳阁、吴永慧：《TMT异质性对企业协同创新绩效的影响机理研究》，载《科研管理》2019年第9期。

141. 解学梅、曾赛星：《创新集群跨区域协同创新网络研究述评》，载《研究与发展管理》2009年第1期。

142. 解学梅、左蕾蕾：《企业协同创新网络特征与创新绩效：基于知识吸收能力的中介效应研究》，载《南开管理评论》2013年第3期。

143. 解学梅、陈佳玲：《供应链多维协同创新与企业绩效：一项元分析的检验》，载《管理工程学报》2022年第2期。

144. 谢洪明、章俨、刘洋、程聪：《新兴经济体企业连续跨国并购中的价值创造：均胜集团的案例》，载《管理世界》2019年第5期。

145. 熊肖雷、李冬梅：《创新环境、协同创新机制与种业企业协同创新行为——基于要素流动视角和结构方程模型的实证研究》，载《科技管理研究》2016年第12期。

146. 颜永才：《产业集群创新生态系统的构建及其治理研究》，武汉理工大学博士论文，2013年。

147. 闫瑞华、杨梅英：《创新生态系统背景下移动互联网企业颠覆式创新运行机制研究》，载《统计与信息论坛》2019年第9期。

148. 杨毅、党兴华、成泷：《技术创新网络分裂断层与知识共享：网络位置和知识权力的调节作用》，载《科研管理》2018年第9期。

149. 杨乃定、王郁、王琰、张延禄：《复杂产品研发网络中企业技术创新行为演化博弈研究》，载《中国管理科学》2022 年第 10 期。

150. 叶传盛、陈传明：《产学研协同、知识吸收能力与企业创新绩效》，载《科技管理研究》2022 年第 3 期。

151. 尤建新、蔡文珺、尤筱玥：《基于质量改善视角的业务流程优化研究》，载《工业工程与管理》2017 年第 6 期。

152. 游静：《创新主体时间偏好对协同创新行为决策的影响研究》，载《管理工程学报》2017 年第 2 期。

153. 余江、张越、缪双妍：《新技术突破与产业变革机制的浅析与思考》，载《创新与创业管理》2013 年第 1 期。

154. 余晓芳、刘耀东：《创新驱动发展战略背景下高校产学研协同创新机制研究》，载《理论月刊》2019 年第 12 期。

155. 喻登科、涂国平、陈华：《战略性新兴产业集群协同发展的路径与模式研究》，载《科学学与科学技术管理》2012 年第 4 期。

156. 原长弘、张树满：《以企业为主体的产学研协同创新：管理框架构建》，载《科研管理》2019 年第 10 期。

157. 臧欣昱、马永红：《协同创新视角下产学研合作行为决策机制研究》，载《运筹与管理》2018 年第 3 期。

158. 詹志华、王豪儒：《论区域创新生态系统生成的前提条件与动力机制》，载《自然辩证法研究》2018 年第 3 期。

159. 张二震、戴翔：《论开发区从产业集聚区向创新集聚区的转型》，载《现代经济探讨》2017 年第 9 期。

160. 张华：《协同创新、知识溢出的演化博弈机制研究》，载《中国管理科学》2016 年第 2 期。

161. 张敬文、李一卿、陈建：《战略性新兴产业集群创新网络协同创新绩效实证研究》，载《宏观经济研究》2018 年第 9 期。

162. 张敬文、李晓园、徐莉：《战略性新兴产业集群协同创新发生机理及提升策略研究》，载《宏观经济研究》2016 年第 11 期。

163. 张璐、赵爽、长青、崔丽：《跨越组织层级的鸿沟：企业创新能力动态构建机制研究》，载《管理评论》2019 年第 12 期。

164. 张路：《区块链技术应用对产业链协同创新的作用机理》，载《学习与实践》2019 年第 4 期。

165. 张利飞：《高科技企业创新生态系统运行机制研究》，载《中国科技论坛》2009 年第 4 期。

166. 张其仔、许明：《中国参与全球价值链与创新链、产业链的协同升级》，载《改革》2020 年第 6 期。

167. 张艺、许治、朱桂龙：《协同创新的内涵、层次与框架》，载《科技进步与对策》2018 年第 18 期。

168. 张平、梁淑茵、叶小凤：《组织惯性与企业绩效：环境动态性的调节作用》，载《华南理工大学学报（社会科学版）》2018 年第 4 期。

169. 张哲：《基于产业集群理论的企业协同创新系统研究》，天津大学博士论文，2009 年。

170. 章磊、王祥宇：《政策组合能否促进民参军企业协同创新——基于演化博弈的数值仿真视角》，载《科技进步与对策》2021 年第 24 期。

171. 翟丹妮、韩晶怡：《基于网络演化博弈的产学研知识协同研究》，载《统计与信息论坛》2019 年第 2 期。

172. 赵炎、王玉仙、杨冉：《联盟网络中企业协同创新活动、技术标准化与创新绩效》，载《软科学》2021 年第 1 期。

173. 赵泽斌、韩楚翘、王璐琪：《国防科技产业联盟协同创新网络：结构与演化》，载《公共管理学报》2019 年第 4 期。

174. 赵映雪：《技术联盟合作伙伴选择对协同创新行为的影响》，载《统计与决策》2016 年第 4 期。

175. 郑春勇：《西方学术界关于协同演化理论的研究进展及其评价》，载《北经贸大学学报》2011 年第 5 期。

176. 郑胜华、池仁勇：《核心企业合作能力、创新网络与产业协同演化机理研究》，载《科研管理》2017 年第 6 期。

177. 郑刚、郭艳婷、罗光雄、赵凯、刘春峰：《新型技术追赶、动态能力与创新能力演化——中集罐箱案例研究》，载《科研管理》2016 年第 3 期。

178. 朱华晟、盖文启：《产业的柔性集聚及其区域竞争力实证分析——以浙江大唐袜业柔性集聚体为例》，载《经济理论与经济管理》2001 年第 11 期。

179. 朱兵：《产业集群合作创新网络最优关系强度演化机理分析》，载《安徽师范大学学报（人文社会科学版）》2016 年第 4 期。

180. 朱勤、孙元、周立勇：《平台赋能、价值共创与企业绩效的关系研究》，载《科学学研究》2019 年第 11 期。

181. 钟炜、蒲岳、杜泽超：《开放式创新社区网络平台知识共享系统动力学模型构建》，载《价值工程》2017 年第 1 期。

182. 周志太：《知识经济时代协同创新网络的内涵与特性》，载《社会科学研究》2019 年第 6 期。

183. 周燕华、霍彬：《科技型企业协同创新模式与创新绩效——基于政府制度调节作用的实证研究》，载《企业经济》2017 年第 4 期。

184. Abhari K., Davidson E. J., Xiao B., Collaborative Innovation in the Sharing Economy: Profiling Social Product Development Actors through Classification Modeling. *Internet Research*, Vol. 29, No. 5, May 2019, pp. 1014 – 1039.

185. Abramovitz M., Catching Up, Forging Ahead, and Falling Behind. *The Journal of Economic History*, Vol. 46, No. 2, February 1986, pp. 385 – 406.

186. Adner R., Match Your Innovation Strategy to Your Innovation Ecosystem. *Harvard Business Review*, Vol. 84, No. 4, April 2006, pp. 98 – 112.

187. Anderson J. C., Narus J. A., A Model of Distributor Firm and Manufacturer Firm Working Partnerships. *Marketing*, Vol. 54, No. 3, March 1990, pp. 42 – 58.

188. Agger A., Sorensen E., Managing Collaborative Innovation in Public Bureaucracies. *Planning Theory*, Vol. 17, No. 1, January 2018, pp. 53 – 73.

189. Ahuja G., Collaboration Networks, Structural Holes, and Innovation: A Longitudinal Study. *Administrative Science Quarterly*, Vol. 45, No. 3, March 2000, pp. 425 – 455.

190. Ahuja G., Lampert C. M., Entrepreneurship in the Large Corporation: A Longitudinal Study of How Established Firms Create Breakthrough Inventions. *Strategic Management Journal*, Vol. 21, No. 6 – 7, July 2001, pp. 267 – 294.

191. Anne L., Ter J., et al., Co-evolution of Firms, Industries and Networks in Space. *Regional Studies*, Vol. 45, No. 7, July 2011, pp. 919 – 933.

192. Akhtar P., Khan Z., Rao – Nicholson R., et al., Building Relationship Innovation in Global Collaborative Partnerships: Big Data Analytics and Traditional Organizational Powers. *R & D Management*, Vol. 49, No. 1, January

2019, pp. 7 –20.

193. Alford P. , Duan Y. , Understanding Collaborative Innovation from A Dynamic Capabilities Perspective. *International Journal of Contemporary Hospitality Management*, Vol. 30, No. 6, June 2018, pp. 2396 –2416.

194. Anzola – Román P. , Bayona – Sáez C. , García – Marco T. , Profiting from Collaborative Innovation Practices: Identifying Organizational Success Factors Along the Process. *Journal of Management & Organization*, Vol. 25, No. 2, February 2019, pp. 239 –262.

195. Aslesen H. W. , Pettersen I. B. , Entrepreneurial Firms in STI and DUI Mode Clusters: Do They Need Differentiated Cluster Facilitation? . *European Planning Studies*, Vol. 25, No. 6, April 2017, pp. 904 –922.

196. Y. Asseraf, A. Shoham, The Relationships between International Orientations, Capabilities, Strategies and Performance: A Theoretical Perspective. In K. Krzysztof (eds.), *Ideas in Marketing: Finding the New and Polishing the Old: Proceedings of the* 2013 *Academy of Marketing Science (AMS) Annual Conference*. Berlin: Springer International Publishing, 2015, pp. 483 –485.

197. Athreye S. , Fassio C. , Why do Innovators Not Apply for Trademarks? The Role of Information Asymmetries and Collaborative Innovation. *Industry and Innovation*, Vol. 27, No. 1 –2, February 2020, pp. 134 –154.

198. Barrutia J. M. , Carmen E. , Drivers of Exploitative and Explorative Innovation in a Collaborative Public-sector Context. *Public Management Review*, Vol. 21, No. 3, March 2018, pp. 446 –472.

199. Baldwin C. Y. , Hippel V. E. A. , Modeling a Paradigm Shift: From Producer Innovation to User and Open Collaborative Innovation. *Social Science Electronic Publishing*, Vol. 22, No. 6, June 2011, pp. 1399 –1417.

200. Bekkers V. , Tummers L. , Innovation in the Public Sector: Towards an Open and Collaborative Approach. *International Review of Administrative Sciences*, Vol. 84, No. 2, February 2018, pp. 209 –213.

201. Bellandi M. , Monti A. , Scerbo M. , et al. , POLIS-the Experience of the Tuscan Innovation Cluster in the Field of Sustainable Mobility. *Procedia – Social and Behavioral Sciences*, Vol. 162, No. 12, December 2014, pp. 398 –407.

202. Bernardes A. T. , Albuquerque E. D. M. E. , Cross-over, Thresholds, and Interactions between Science and Technology: Lessons for Less-developed Countries. *Research Policy*, Vol. 32, No. 5, May 2003, pp. 865 – 885.

203. Berraies S. , Effect of Middle Managers' Cultural Intelligence on Firms' Innovation Performance Knowledge Sharing as Mediator and Collaborative Climate as Moderator. *Personnel Review*, Vol. 49, No. 4, April 2020, pp. 1015 – 1038.

204. Bertello A. , Bernardi P. D. , Santoro G. , et al. , Unveiling the Microfoundations of Multiplex Boundary Work for Collaborative Innovation. *Journal of Business Research*, Vol. 139, No. 10, October 2022, pp. 1424 – 1434.

205. Bigliardi B. , Galati F. , Family Firms and Collaborative Innovation: Present Debates and Future Research. *European Journal of Innovation Management*, Vol. 21, No. 2, February 2018, pp. 334 – 358.

206. Boza S. , Espinoza M. , Pertuzé R. , et al. , Description and Assessment of a Collaborative Agricultural Extension Program Adopted under the Triple Helix Model of Innovation. *International Journal of Agriculture and Natural Resources*, Vol. 48, No. 3, March 2021, pp. 248 – 258.

207. Borgh M. V. D. , Cloodt M. , Romme A. G. L. , Value Creation by Knowledge-based Ecosystems: Evidence from a Field Study. *R & D Management*, Vol. 42, No. 2, February 2012, pp. 150 – 169.

208. Bönte W. , Wiethaus L. , Knowledge Disclosure among Vertically Related Firms – When It (Not) Occurs. *CiteSeer*, Vol. 26, No. 3, March 2005, pp. 1 – 16.

209. Bolívar – Ramos M. T. , New Ventures' Collaborative Linkages and Innovation Performance: Exploring the Role of Distance. *Journal of Management & Organization*, Vol. 25, No. 1, January 2019, pp. 26 – 41.

210. Bryson J. M. , Crosby B. C. , Stone M. M. , The Design and Implementation of Cross – Sector Collaborations: Propositions from the Literature. *Public Administration Review*, Vol. 66, No. S1, December 2006, pp. 44 – 55.

211. Bustinza O. F. , Gomes E. , Vendrell – Herrero F. , et al. , Product – Service Innovation and Performance: the Role of Collaborative Partnerships and R&D Intensity. *R & D Management*, Vol. 49, No. 1, January 2019, pp. 33 – 45.

212. Brown P., Bocken N., Balkenende R., Why Do Companies Pursue Collaborative Circular Oriented Innovation?. *Sustainability*, Vol. 11, No. 3, March 2019, P. 635.

213. Carlotto F., Håkan J., Reframing the Multilevel Triple Helix in a Regional Innovation System: A Case of Systemic Foresight and Regimes in Renewal of Skåne's Food Industry. *Technology Analysis & Strategic Management*, Vol. 22, No. 7, October 2010, pp. 819 - 829.

214. Caccamo M., Leveraging Innovation Spaces to Foster Collaborative Innovation. *Creativity and Innovation Management*, Vol. 29, No. 1, January 2020, pp. 178 - 191.

215. Chappert C., Pierre A., Collaborative Innovation between Large Firms and Start-ups: Asymmetries, Levers or Brakes?. *Post - Print*, No. 6, June 2021, pp. 1 - 11.

216. Chi M. M., Wang W., Lu X., et al., Antecedents and Outcomes of Collaborative Innovation Capabilities on the Platform Collaboration Environment. *International Journal of Information Management*, Vol. 43, No. 12, December 2018, pp. 273 - 283.

217. Chandrashekar D., Subrahmanya M. H. B., Exploring the Factors of Cluster Linkages that Influence Innovation Performance of Firms in a Cluster. *Economics of Innovation & New Technology*, Vol. 27, No. 10, October 2017, pp. 358 - 377.

218. Chandrashekar D., Absorptive Capacity, Cluster Linkages, and Innovation: An Evidence From Bengaluru High-tech Manufacturing Cluster. *Journal of Manufacturing Technology Management*, Vol. 42, No. 1, January 2018, pp. 382 - 399.

219. Chiambaretto P., Masse D., Mirc N., "All for One and One for All?" - Knowledge Broker Roles in Managing Tensions of Internal Coopetition: The Ubisoft Case. *Research Policy*, Vol. 48, No. 3, March 2019, pp. 584 - 600.

220. Clauss T., Kesting T., How Businesses Should Govern Knowledge - Intensive Collaborations with Universities: An Empirical Investigation of University Professors. *Industrial Marketing Management*, Vol. 62, No. 4, April 2017,

pp. 185 – 198.

221. Crivellari P. , Building Public Innovation for Industrial Risk Prevention and Crisis Management: Genesis and Development of a Unique Collaborative Innovation. *Social ence Information*, Vol. 58, No. 4, April 2019, pp. 589 – 607.

222. Dall – Orsoletta A. , Romero F. , Ferreira P. , Open and Collaborative Innovation for the Energy Transition: An Exploratory Study. *Technology in Society*, Vol. 69, No. 4, April 2022, P. 101955.

223. Dalum B. , Pedersen CØR. , Villumsen G. , Technological Life – Cycles: Lessons from a Cluster Facing Disruption. *European Urban & Regional Studies*, Vol. 12, No. 3, March 2005, pp. 229 – 246.

224. Davis J. P. , Group Dynamics of Inter Organizational Relationships: Collaborating with Multiple Partners in Innovation Ecosystems. *Administrative Science Quarterly*, Vol. 61, No. 5, May 2016, pp. 621 – 661.

225. Davide L. , Markus A. , Federico C. , The Path of Innovation: Purchasing and Supplier Involvement into New Product Development. *Industrial Marketing Management*, Vol. 47, No. 5, May 2015, pp. 109 – 120.

226. De N. I. , Orsi L. , Belussi F. , The Role of Collaborative Networks in Supporting the Innovation Performances of Lagging-behind European Regions. *Research Policy*, Vol. 47, No. 1, January 2018, pp. 1 – 13.

227. R. F. DeVellis, *Scale Development: Theory and Applications.* London: Sage Publications, 1991.

228. Demirkan I. , Demirkan S. , Network Characteristics and Patenting in Biotechnology, 1990 – 2006. *Journal of Management*, Vol. 38, No. 6, June 2012, pp. 1892 – 1927.

229. Dhewanto W. , Lantu D. C. , Herliana S. , et al. , The Innovation Cluster of ICT Start-up Companies in Developing Countries: Case of Bandung, Indonesia. *International Journal of Learning & Intellectual Capital*, Vol. 12, No. 1, January 2015, pp. 32 – 46.

230. Diez M. A. , The Evaluation of Regional Innovation and Cluster Policies: Towards a Participatory Approach. *European Planning Studies*, Vol. 9, No. 7, July 2001, pp. 907 – 923.

231. Edler J. , Georghiou L. , Public Procurement and Innovation – Resur-

recting the Demand Side. *Research Policy*, Vol. 36, No. 7, July 2007, pp. 949 – 963.

232. Enderwick P., Buckley P. J., Beyond Supply and Assembly Relations: Collaborative Innovation in Global Factory Systems. *Journal of Business Research*, Vol. 103, No. 10, October 2019, pp. 547 – 556.

233. Eisenhardt K. M., Martin J. A., Dynamic Capabilities: What are They?. Tuck Conference on the Evolution of Firm Capabilities, 2010.

234. Fan F., Lian H., Wang S., Can Regional Collaborative Innovation Improve Innovation Efficiency? An Empirical Study of Chinese Cities. *Growth and Change*, Vol. 51, No. 1, January 2020, pp. 440 – 463.

235. Fiaz M., An Empirical Study of University – Industry R&D Collaboration in China: Implications for Technology in Society. *Technology in Society*, Vol. 35, No. 3, March 2013, pp. 191 – 202.

236. Fiegenbaum A., Thomas H., Attitudes towards Risk and the Risk Return Paradox: Prospect Theory Exlanations. *Academy of Management Journal*, Vol. 31, No. 1, January 1988, pp. 85 – 106.

237. Filippetti A., Archibugi D., Innovation in Times of Crisis: National Systems of Innovation, Structure, and Demand. *Research Policy*, Vol. 40, No. 2, February 2011, pp. 179 – 192.

238. Fisher D., Smith S., Cocreation is Chaotic: What It Means for Marketing When No One Has Control. *Marketing Theory*, Vol. 11, No. 3, March 2011, pp. 325 – 350.

239. Fitjar R. D., Interaction and Innovation Across Different Sectors: Findings from Norwegian City – Regions. *Regional Studies*, Vol. 49, No. 5, May 2015, pp. 818 – 833.

240. Furman J. L., Hayes R., Catching up or Standing Still?: National Innovative Productivity among "Follower" Countries. *Research Policy*, Vol. 33, No. 9, September 2004, pp. 1978 – 1999.

241. Giunipero L. C., Eltantawy R. A., Securing the Upstream Supply Chain: A Risk Management Approach. *International Journal of Physical Distribution & Logistics Management*, Vol. 34, No. 9, September 2004, pp. 698 – 713.

242. Graebner E., Theory Building from Cases: Opportunities and Challen-

ges. *The Academy of Management Journal*, Vol. 50, No. 1, January 2007, pp. 25 – 32.

243. Granovetter M. S. , The Strength of Weak Ties. *American Journal of Sociology*, Vol. 78, No. 6, June 1973, pp. 1360 – 1380.

244. Granados C. , Pareja – Eastaway M. , How Do Collaborative Practices Contribute to Innovation in Large Organisations? The Case of Hackathons. *Innovation: Organization & Management*, Vol. 21, No. 4, April 2019, pp. 487 – 505.

245. Hayter R. , Clapp A. , Krott M. , Towards a Collaborative (Public – Private Partnership) Approach to Research and Development in Canada's Forest Sector: An Innovation System Perspective. *Forest Policy and Economics*, Vol. 113, No. 4, April 2020, pp. 102 – 119.

246. Heidl R. A. , Steensma H. K. , Phelps C. , Divisive Faultlines and the Unplanned Dissolutions of Multipartner Alliances. *Organization Science*, Vol. 25, No. 5, July 2014, pp. 1351 – 1371.

247. Helfat C. E. , Peteraf M. A. , The Dynamic Resource – Based View: Capability Lifecycles. *Strategic Management Journal*, Vol. 24, No. 10, October 2003, pp. 997 – 1010.

248. Hodgson G. M. , Hodgson G. , Hodgson G. M. , Institutions and Individuals: Interaction and Evolution. *Voprosy Economiki*, Vol. 8, No. 1, January 2007, pp. 95 – 116.

249. Hou J. , Li B. , The Evolutionary Game for Collaborative Innovation of the IoT Industry under Government Leadership in China: An IoT Infrastructure Perspective. *Sustainability*, Vol. 12, No. 9, September 2020, P. 3648.

250. Hwang I. , The Effect of Collaborative Innovation on ICT-based Technological Convergence: A Patent-based Analysis. *Plos One*, Vol. 15, No. 2, February 2020, P. e0228616.

251. Hao Y. F. , Chen W. , Yang H. , Collaborative Innovation with Dynamic Incentive Contracts in a Supply Chain. *Mathematical Problems in Engineering*, Vol. 20, No. 4, April 2020, P. 6538653.

252. Hansen T. , Mattes J. , Proximity and Power in Collaborative Innovation Projects. *Regional Studies*, Vol. 52, No. 1, January 2018, pp. 35 – 46.

253. Heil S., Bornemann T., Creating Shareholder Value Via Collaborative Innovation: the Role of Industry and Resource Alignment in Knowledge Exploration. *R & D Management Research & Development Management*, Vol. 48, No. 4, April 2018, pp. 394 – 409.

254. Hoskisson R. E., Wright M., Filatotchev I., et al., Emerging Multinationals from Mid – Range Economies: The Influence of Institutions and Factor Markets. *Journal of Management Studies*, Vol. 50, No. 7, July 2013, pp. 1295 – 1321.

255. Hung M., Lee C., Hsiao N., et al., Data – Centric Collaborative Innovation to Address Social Problems: The Experience and Lessons of "Data for Social Good" Projects. The 22nd Annual International Conference on Digital Government Research, 2021 (6).

256. Hwang I., An Agent – Based Model of Firm Size Distribution and Collaborative Innovation. *The Journal of Artificial Societies and Social Simulation*, Vol. 23, No. 1, January 2020, pp. 1 – 9.

257. Isaksen A., Knowledge-based Clusters and Urban Location: the Clustering of Software Consultancy in Oslo. *Urban Studies*, Vol. 41, No. 5 – 6, June 2004, pp. 1157 – 1174.

258. Jade Y., Haiyang L., In the Eyes of the Beholder: The Effect of Participant Diversity on Perceived Merits of Collaborative Innovations. *Research Policy*, Vol. 47, No. 7, July 2018, pp. 1229 – 1242.

259. Jha H., The Rise of the Hybrid Domain: Collaborative Governance for Social Innovation. *Journal of Southeast Asian Economies*, Vol. 36, No. 1, January 2019, pp. 135 – 136.

260. Jian J., Wang M., Li L., et al., A Partner Selection Model for Collaborative Product Innovation from the Viewpoint of Knowledge Collaboration. *Kybernetes*, Vol. 49, No. 6, June 2020, pp. 1623 – 1644.

261. Jiao H., Yang J., Zhou J., et al., Commercial Partnerships and Collaborative Innovation in China: the Moderating Effect of Technological Uncertainty and Dynamic Capabilities. *Journal of Knowledge Management*, Vol. 23, No. 7, July 2019, pp. 1429 – 1454.

262. Jialin H. A., Alistair R., Anderson B., Supplier-customer Engage-

ment for Collaborative Innovation Using Video Conferencing: A Study of SMEs. *Industrial Marketing Management*, Vol. 80, No. 7, July 2019, pp. 43 – 57.

263. Ji H., Miao Z., Zhou Y., Corporate Social Responsibility and Collaborative Innovation: The Role of Government Support. *Journal of Cleaner Production*, Vol. 260, No. 1, January 2020, P. 121028.

264. Jos V. D. B., Benneworth P., Rutten R., Border Blocking Effects in Collaborative Firm Innovation. *European Planning Studies*, Vol. 26, No. 7, July 2018, pp. 1330 – 1346.

265. Jouhtio, M., Co-evolution of Industry and Its Institutional Environment. Working Paper of the Institute of Strategy and International Business in Helsinki University of Technology, 2006.

266. Kapoor R., Lee J. M., Coordinating and Competing in Ecosystems: How Organizational Forms Shape New Technology Investments. *Strategic Management Journal*, Vol. 34, No. 3, March 2013, pp. 274 – 296.

267. Kaiser H. F., An Index of Factorial Simplicity. *Psychometrika*, Vol. 39, No. 1, January 1974, pp. 31 – 36.

268. Kallis G., Socio-environmental Co-evolution: Some Ideas for an Analytical Approach. *International Journal of Sustainable Development & World Ecology*, Vol. 14, No. 1, January 2007, pp. 4 – 13.

269. Khan I., Jurmu M., Jurvansuu M., et al., Collaborative Innovation, Collaborative Capabilities and Value Co-creation in an Industry 4.0 Context: An Empirical Evidence. *Computer Science*, No. 4, April 2021, P. 16279.

270. Kim K. T., Lee J. S., Lee S. Y., Chain Reactions of a Collaborative Buyer – Supplier Relationship: the Mediating Role of Relationship Quality on Innovation Performance. *Total Quality Management & Business Excellence*, Vol. 30, No. 11, November 2019, pp. 1319 – 1337.

271. Kim L., Imitation to Innovation: The Dynamics of Korea's Technological Learning. *Journal of International Business Studies*, Vol. 28, No. 4, April 1997, pp. 868 – 872.

272. Knudsen, G., Nielsen, B., Organizational and Individual Level Antecedents of Procedural Governance in Knowledge Sharing Alliances. SMG Working

Paper, No. 17, 2008.

273. Kohler T., Chesbrough H., From Collaborative Community to Competitive Market: the Quest to Build a Crowdsourcing Platform for Social Innovation. *R & D Management*, Vol. 49, No. 3, March 2019, pp. 356 – 368.

274. Kumar G., Nath Banerjee R., Supply Chain Collaboration Index: An Instrument to Measure the Depth of Collaboration. *Benchmarking: An International Journal*, Vol. 21, No. 2, February 2014, pp. 184 – 204.

275. B. Latour, *Re – Assembling the Social: An Introduction to Actor – Network – Theory*. London: Oxford University Press, 2005.

276. Lau D. C., Murnighan J. K., Interactions within Groups and Subgroups: The Effects of Demographic Faultlines. *Academy of Management Journal*, Vol. 48, No. 4, April 2005, pp. 645 – 659.

277. Lee D., Implementation of Collaborative Activities for Sustainable Supply Chain Innovation: An Analysis of the Firm Size Effect. *Sustainability*, Vol. 11, No. 1, January 2019, P. 3026.

278. Lee K., Ki J. H., Rise of Latecomers and Catch-up Cycles in the World Steel Industry. *Research Policy*, Vol. 46, No. 2, February 2017, pp. 365 – 375.

279. Lee K., Gao X., Li X., Industrial Catch-up in China: a Sectoral Systems of Innovation Perspective. *Cambridge Journal of Regions Economy and Society*, Vol. 10, No. 1, January 2017, pp. 59 – 76.

280. Lee K., Lim C., Technological Regimes, Catching-up and Leapfrogging: Findings from the Korean Industries. *Research Policy*, Vol. 30, No. 3, March 2001, pp. 459 – 483.

281. Lindsay C., Findlay P., Mcquarrie J., et al., Collaborative Innovation, New Technologies, and Work Redesign. *Public Administration Review*, Vol. 78, No. 2, February 2018, pp. 251 – 260.

282. Li D., Eden L., Hitt M. A., et al., Friends, Acquaintances, or Strangers? Partner Selection in R&D Alliances. *Academy of Management Journal*, Vol. 51, No. 2, February 2008, pp. 315 – 334.

283. Luo Y., Tung R. L., International Expansion of Emerging Market Enterprises: A Springboard Perspective. *Journal of International Business Studies*,

Vol. 38, No. 4, April 2007, pp. 481 – 498.

284. Luoma-aho V., Saara H., Intangibles and Innovation: The Role of Communication in the Innovation Ecosystem. *Innovation Journalism*, Vol. 7, No. 2, February 2010, pp. 1 – 19.

285. Lundberg C. A., Schreiner L. A., Quality and Frequency of Faculty – Student Interaction as Predictors of Learning: An Analysis by Student Race/Ethnicity. *Journal of College Student Development*, Vol. 45, No. 5, May 2004, pp. 549 – 565.

286. Maecka A., Mitrga M., Mróz – Gorgoń B., et al., Adoption of Collaborative Consumption as Sustainable Social Innovation: Sociability and Novelty Seeking Perspective. *Journal of Business Research*, Vol. 144, No. 5, May 2022, pp. 163 – 179.

287. Magistretti S., Claudio D., Massis A. D., et al., Exploring the Relationship between Types of Family Involvement and Collaborative Innovation in Design-intensive Firms: Insights from two Leading Players in the Furniture Industry. *Industry and Innovation*, Vol. 26, No. 6, June 2019, pp. 1121 – 1151.

288. Manca C., Grijalvo M., Palacios M., et al., Collaborative Workplaces for Innovation in Service Companies: Barriers and Enablers for Supporting New Ways of working. *Service Business*, Vol. 12, No. 3, March 2018, pp. 525 – 550.

289. Martínez A., Hugo E., Mora M., et al., Networks of Collaborative Alliances: the Second Order Interfirm Technological Distance and Innovation Performance. *The Journal of Technology Transfer*, Vol. 45, No. 4, April 2020, pp. 1255 – 1282.

290. Marja V., Liekki V., Situated Gender Equality in Regional Research and Innovation: Collaborative knowledge production. *Science and Public Policy*, Vol. 49, No. 4, August 2022, pp. 561 – 572.

291. Marasco A., Marcella D. M., Magnotti F., et al., Collaborative Innovation in Tourism and Hospitality: a Systematic Review of the Literature. *International Journal of Contemporary Hospitality Management*, Vol. 30, No. 6, June 2018, pp. 2364 – 2395.

292. Maskell, P., Bathelt, H., Malmberg, A., Temporary Clusters and

Knowledge Creation: The Effects of International Trade Fairs, Conventions and Other Professional Gatherings. The 100th Annual Meeting of the Association of American Geographers, 2004.

293. Mathews J. A., Competitive Advantages of the Latecomer Firm: A Resource – Based Account of Industrial Catch – Up Strategies. *Asia Pacific Journal of Management*, Vol. 19, No. 4, April 2002, pp. 467 – 488.

294. Mercan B., Göktaş D., Components of Innovation Ecosystems: A Cross – Country Study. *International Research Journal of Finance & Economics*, Vol. 76, No. 3, March 2011, pp. 102 – 112.

295. Messner, D., Meyer – Stamer, J., Governance and Networks. Tools to Study the Dynamics of Clusters and Global Value Chains. IDS/INEF Project Working Paper, 2000.

296. Meyer B., Glenz A., Team Faultline Measures: A Computational Comparison and a New Approach to Multiple Subgroups. *Organizational Research Methods*, Vol. 16, No. 3, March 2013, pp. 393 – 424.

297. Milwood P. A., Roehl W. S., Orchestration of Innovation Networks in Collaborative Settings. *International Journal of Contemporary Hospitality Management*, Vol. 30, No. 6, June 2018, pp. 2562 – 2582.

298. Mukhtarov F., Dieperink C., Driessen P., et al., Collaborative Learning for Policy Innovations: Sustainable Urban Drainage Systems in Leicester, England. *Journal of Environmental Policy and Planning*, Vol. 21, No. 3, March 2019, pp. 288 – 301.

299. Munro J., Leading for Collaborative Public Service Innovation. *Public Money & Management*, Vol. 40, No. 4, April 2020, pp. 316 – 325.

300. Najafi – Tavani S., Najafi – Tavani Z., Naude P., et al., How Collaborative Innovation Networks Affect New Product Performance: Product Innovation Capability, Process Innovation Capability, and Absorptive Capacity. *Industrial Marketing Management*, Vol. 73, No. 8, August 2018, pp. 193 – 205.

301. Ndofor H. A., Sirmon D. G., Utilizing the Firm's Resources: How TMT Heterogeneity and Resulting Faultlines Affect TMT Tasks. *Strategic Management Journal*, Vol. 36, No. 11, November 2015, pp. 1656 – 1674.

302. Neumann O., Matt C., Hitz – Gamper B. S., et al., Joining Forces for Public Value Creation? Exploring Collaborative Innovation in Smart City Initiatives. *Government Information Quarterly*, Vol. 36, No. 4, April 2019, P. 101411.

303. Nestle V., Täube F. A., Heidenreich S., et al., Establishing Open Innovation Culture in Cluster Initiatives: The Role of Trust and Information Asymmetry. *Technological Forecasting & Social Change*, Vol. 146, No. C, January 2019, pp. 563 – 572.

304. S. Nygaard, *Co – Evolution of Technology, the Case of Fuel Cells and Hydrogen Technology in Europe*. Lund University Doctoral Thesis, 2008.

305. Oksanen K., Hautamäki A., Sustainable Innovation: A Competitive Advantage for Innovation Ecosystems. *Technology Innovation Management Review*, Vol. 5, No. 10, October 2015, pp. 24 – 30.

306. Okamuro H., Nishimura J., A Hidden Role of Public Subsidy in University – Industry Research Collaborations. *Global COE Hi – Stat Discussion Paper Series*, Vol. 183, No. 3, March 2011, pp. 154 – 183.

307. Oxley J. E., Sampson R. C., The Scope and Governance of International R&D Alliances. *Strategic Management Journal*, Vol. 25, No. 5, May 2004, pp. 723 – 749.

308. Pai, V. M., A List of Attributes Which May Have Significant Influence on Innovation: An Empirical Study in Information Technology Sector. 10th International Conference on Innovations in Information Technology, 2014.

309. Pana S. L., Tanb B., Demystifying Case Research: A Structured – Pragmatic – Situational (SPS) Approach to Conducing Case Studies. *Information and Organization*, Vol. 21, No. 3, March 2011, pp. 161 – 176.

310. Park E., Yoo K., Sang J. K., et al., Effects of Innovation Cluster and Type of Core Technology on Firms' Economic Performance. *Journal of Engineering Research*, Vol. 4, No. 2, June 2016, pp. 117 – 131.

311. Park C. H., Collaborative Innovation in the Public Sector. *Journal of Public Administration Research and Theory*, Vol. 28, No. 2, February 2018, pp. 293 – 295.

312. Park J., Lee J., Preceding and Mediating Effect of Collaborative SCM Practice, Innovation Capacity and Adaptive Capacity on Corporate Performance.

Korea Logistics Review, Vol. 30, No. 1, January 2020, pp. 25 – 35.

313. Peter C. , Swarm Creativity: Competitive Advantage through Collaborative Innovation Networks. *Innovation Management Policy & Practice*, Vol. 8, No. 4 – 5, May 2006, pp. 413 – 414.

314. Pimentel C. D. , Oliveira C. P. B. , Collaborative Buyer-supplier Relationships and Downstream Information in Marketing Channels. *Industrial Marketing Management*, Vol. 39, No. 2, February 2010, pp. 221 – 228.

315. Pisano G. P. , Using Equity Participation to Support Exchange: Evidence from the Biotechnology Industry. *Journal of Law, Economics, & Organization*, Vol. 5, No. 1, May 1989, pp. 109 – 126.

316. Pinto H. , Fernάndez – Esquinas M. , What Do Stakeholders Think About Knowledge Transfer Offices? The Perspective of Firms and Research Groups in a Regional Innovation System. *Industry and Innovation*, Vol. 25, No. 4, April 2018, pp. 25 – 52.

317. Porter W. P. , Kearney M. , Ecologists Have Already Started Rebuilding Community Ecology from Functional Traits. *Trends in Ecology & Evolution*, Vol. 21, No. 9, September 2006, pp. 481 – 482.

318. Pongsathornwiwat A. , Jeenanunta C. , Huynh V. N. , et al. , How Collaborative Routines Improve Dynamic Innovation Capability and Performance in Tourism Industry? A Path-dependent Learning Model. *Asia Pacific Journal of Tourism Research*, Vol. 24, No. 4, April 2019, pp. 281 – 295.

319. Pons – Morera C. , Canos – Daros L. , Gil – Pechuan I. , A Model of Collaborative Innovation Between Local Government and Tourism Operators. *Service Business*, Vol. 12, No. 1, January 2018, pp. 143 – 168.

320. Prahalad C. , Hamel G. , The Core Competencies of the Corporation. *Harvard Business Review*, Vol. 68, No. 5 – 6, June 1990, pp. 79 – 91.

321. Ramos, G. , Santos D. , The Innovation System vs. Cluster Process: Common Contributive Elements towards Regional Development. European Regional Science Association, 2004.

322. Richardson C. , Yamin M. , Sinkovics R. R. , Policy-driven Clusters, Interfirm Interactions and Firm Internationalisation: Some Insights from Malaysia's Multimedia Super Corridor. *International Business Review*, Vol. 21, No. 5, May

2012, pp. 794 – 805.

323. W. J. Rothwell, *Next Generation Management Development: The Complete Guide and Resource*. San Francisco, CA: Pfeiffer, 2007.

324. Rosenkopf L., Nerkar A., Beyond Local Search: Boundary-spanning, Exploration, and Impact in the Optical Disk Industry. *Strategic Management Journal*, Vol. 22, No. 4, April 2001, pp. 287 – 306.

325. Russell M. G., Huhtamäki J., Still K., et al., Relational Capital for Shared Vision in Innovation Ecosystems. *Triple Helix*, Vol. 17, No. 6, June 2015, pp. 1 – 36.

326. Russo A., Vurro C., Nag R., To Have or to Be? The Interplay between Knowledge Structure and Market Identity in Knowledge-based Alliance Formation. *Research Policy*, Vol. 37, No. 7, July 2018, pp. 234 – 251.

327. Schwartz D., Barel R., The Role of a Local Industry Association as a Catalyst for Building an Innovation Ecosystem: An Experiment in the State of Ceara in Brazil. *Innovation*, Vol. 17, No. 3, March 2015, pp. 383 – 399.

328. Schwartz M., Peglow F., Fritsch M., et al., What Drives Innovation Output from Subsidized R&D Cooperation? —Project-level Evidence from Germany. *Technovation*, Vol. 32, No. 6, June 2012, pp. 358 – 369.

329. Serrano V., Fischer T., Collaborative innovation in ubiquitous systems. *Journal of Intelligent Manufacturing*, Vol. 18, No. 5, May 2007, pp. 599 – 615.

330. Smorodinskaya, N., Russell, M., Katukov, D., et al., Innovation Ecosystems vs. Innovation Systems in Terms of Collaboration and Co-creation of Value. Hawaii International Conference on System Sciences, 2017.

331. Sorensen E., Torfing J., Co-initiation of Collaborative Innovation in Urban Spaces. *Urban Affairs Review*, Vol. 54, No. 2, February 2018, pp. 388 – 418.

332. Srivastava M. K., Gnyawal D. R., When do Relational Resources Matter? Leveraging Portfolio Technological Resources for Breakthrough Innovation. *IEEE Engineering Management Review*, Vol. 45, No. 2, February 2018, pp. 83 – 96.

333. Steinmo M., Rasmussen E., How Firms Collaborate with Public Re-

search Organizations: The Evolution of Proximity Dimensions in Successful Innovation Projects. *Journal of Business Research*, Vol. 69, No. 3, March 2016, pp. 1250 – 1259.

334. Suhomlinova O., Toward a Model of Organizational Co – Evolution in Transition Economies. *Journal of management studies*, Vol. 43, No. 7, July 2006, pp. 1537 – 1558.

335. Suh W., Derick Sohn J. H., Yeon Kwak J., Knowledge Management as Enabling R&D Innovation in High Tech Industry: the Case of Salt. *Journal of Knowledge Management*, Vol. 8, No. 6, June 2013, pp. 5 – 15.

336. Torfing J., Collaborative Innovation in the Public Sector: the Argument. *Public Management Review*, Vol. 21, No. 1, January 2019, pp. 1 – 11.

337. Tarba S. Y., Bauer F., Weber Y., et al., Innovation Management in Collaborative Partnerships. *R & D Management*, Vol. 49, No. 1, January 2019, pp. 3 – 6.

338. Takahashi M., Indulska M., Steen J., Collaborative Research Project Networks: Knowledge Transfer at the Fuzzy Front End of Innovation. *Project Management Journal*, Vol. 49, No. 4, April 2018, pp. 36 – 52.

339. T. Theresia, *Economics of Interfirm Networks*. Tübingen: JCB Mohr, 2005.

340. Thuy P. M. T., Knoben J., Vermeulen P., et al., Made in Vietnam: Internal, Collaborative, and Regional Knowledge Sources and Product Innovation in Vietnamese Firms. *European Journal of Innovation Management*, Vol. 21, No. 4, April 2018, pp. 581 – 600.

341. Teece D. J., Explicating Dynamic Capabilities: the Nature and Microfoundations of (Sustainable) Enterprise Performance. *Strategic Management Journal*, Vol. 28, No. 13, November 2007, pp. 1319 – 1350.

342. Temmerman L., Veeckman C., Ballon P., Collaborative Governance Platform for Social Innovation in Brussels. *Social Enterprise Journal*, Vol. 17, No. 8, August 2021, pp. 165 – 182.

343. Thorgren S., Wincent J., Oertqvist D., Designing Interorganizational Networks for Innovation: An Empirical Examination of Network Configuration, Formation and Governance. *Journal of Engineering & Technology Management*,

Vol. 26, No. 3, March 2009, pp. 148 – 166.

344. G. Tichy, *Clusters: Less Dispensable and More Risky than Ever and Regional Specialization*. London: Pion Limited, 1998.

345. Tversky A., Kahneman D., Judgment under Uncertainty: Heuristics and Biases. *Journal of Marketing Research*, Vol. 185, No. 9, September 1974, pp. 1124 – 1131.

346. Unceta A., Barandiaran X., Restrepo N., The Role of Public Innovation Labs in Collaborative Governance—The Case of the Gipuzkoa Lab in the Basque Country, Spain. *Sustainability*, Vol. 11, No. 21, November 2019, P. 6103.

347. Uyarra E., What is Evolutionary about ' Regional Systems of Innovation '? Implications for Regional Policy. *Journal of Evolutionary Economics*, Vol. 20, No. 1, January 2010, pp. 115 – 126.

348. Uyarra E., Ramlogan R., The Effects of Cluster Policy on Innovation. *Chapters*, Vol. 35, No. 3, March 2016, pp. 63 – 67.

349. Uzzi B., Errata: Social Structure and Competition in Interfirm Networks: The Paradox of Embeddedness. *Administrative Science Quarterly*, Vol. 42, No. 2, February 1997, pp. 417 – 418.

350. Volberda H. W., Lewin A. Y., Coevolutionary Dynamics Within and Between Firms: From Evolution to Coevolution. *Journal of Management Studies*, Vol. 40, No. 8, August 2003, pp. 2111 – 2136.

351. Wallner T., Menrad M., High Performance Work Systems as an Enabling Structure for Self-organized Learning Processes. *International Journal of Advanced Corporate Learning*, Vol. 5, No. 4, November 2012, pp. 32 – 37.

352. Walrave B., Raven R., Modelling the dynamics of technological innovation systems. *Research Policy*, Vol. 45, No. 9, September 2016, pp. 1833 – 1844.

353. Wegrich K., The Blind Spots of Collaborative Innovation. *Public Management Review*, Vol. 21, No. 1, January 2019, pp. 12 – 20.

354. Wei J., Wu A., Peng X., Strategic Management Study of China: Contextual Problems and Theory Frontier. *Management World*, Vol. 30, No. 12, December 2014, pp. 167 – 171.

355. Westbrock B., Natural Concentration in Industrial Research Collabora-

tion. *The Rand Journal of Economics*, Vol. 41, No. 2, February 2010, pp. 351 – 371.

356. Xiao Y., Tylecote A., Liu J., Why not Greater Catch-up by Chinese Firms? The Impact of IPR, Corporate Governance and Technology Intensity on Late-comer Strategies. *Research Policy*, Vol. 42, No. 3, March 2013, pp. 749 – 764.

357. Xie X. M., Zeng S. X., Tam C. M., How Does Cooperative Innovation Affect Innovation Performance? Evidence from Chinese Firms. *Technology Analysis & Strategic Management*, Vol. 25, No. 8, August 2013, pp. 939 – 956.

358. Yin R. K., *Case Study Research: Desigh and Methods.* London: Sage Publications, 2013.

359. Ystrom A., Marine Agogué., Exploring Practices in Collaborative Innovation: Unpacking Dynamics, Relations, and Enactment in In-between Spaces. *Creativity and Innovation Management*, Vol. 29, No. 1, January 2020, pp. 141 – 145.

360. Yu, X., Zhang, C., The Matter and Energy Transfer Mechanism in Industrial Clusters Innovation Ecosystem. International Conference on Education, Management and Social Science, 2014.

361. Yuan B., Effectiveness-based Innovation or Efficiency-based Innovation? Trade-off and Antecedents under the Goal of Ecological Total-factor Energy Efficiency in China. *Environmental Ence and Pollution Research*, Vol. 26, No. 2, February 2019, pp. 17333 – 17350.

362. Zahra S. A., Nambisan S., Entrepreneurship in Global Innovation Ecosystems. *Ams Review*, Vol. 1, No. 5, May 2011, pp. 4 – 17.

363. Zeng S. X., Xie X. M., Tam C. M., Relationship between Co-operation Networks and Innovation Performance of SMEs. *Technovation*, Vol. 30, No. 3, March 2010, pp. 181 – 194.

364. Zhang J., Lu Y., Zhang X., Unlocking the Sustainable Development Path of China's Nonferrous Metal Industry Based on Collaborative Innovation. *Discrete Dynamics in Nature and Society*, No. 9, September 2021, pp. 1 – 10.

365. Zhou D., The Research on the Functions of Universities in an Innova-

tion Cluster and the Realization Mechanisms. *Open Journal of Business & Management*, *Vol.* 5, No. 1, January 2017, pp. 63 – 72.

366. Zhu H., Zhang M. Y., Lin W., The Fit between Business Model Innovation and Demand-side Dynamics: Catch-up of China's Latecomer Mobile Handset Manufacturers. *Innovation*, Vol. 19, No. 2, February 2017, pp. 146 – 166.

后　　记

随着本书的写作进入尾声，本人在企业协同创新网络领域的研究生涯也即将划上一个里程碑式的句号，但也同样意味着本人的研究生涯进入一个新的发展阶段。旧的阶段见证了本人研究能力的成长，新的阶段也必将为本人在科研领域树立新理念、新格局添加新的内涵。

科学研究是一个不断创新的过程，它反映时代的发展背景和需求，并随着知识和时代的发展不断演进，以更好地满足时代所需。企业协同创新网络是企业网络的一个分支，是企业间跨边界的网络化合作创新组织。良好的企业合作为组织中的节点企业实现资源互补、分散经营风险、实现创新等目标提供了良好的发展空间。进入21世纪后，企业协同创新空前活跃，以共建共治共享为特征的企业协同创新网络组织已成为我国经济实践的新亮点，为创造出令世人瞩目的中国经济发展奇迹做出了巨大贡献，同时学术界对企业协同创新网络的研究也在不断发展，深刻阐释了理论研究服务于社会发展实践的道理。

企业协同创新网络跨越了企业边界，在多个利益相关者以信任为基础进行合作的过程中，由于各种原因导致的协调成本高、管理难度大、关系不稳定、权责认定和绩效考核的公平性难以保证等问题一直存在，致使归属于不同协作成员的大量信息无法得到充分利用，信息渗透与融合无法实现，投机行为时有发生，信任基础并不牢靠，存在治理难题。如果不能很好解决此类问题，必将影响企业协同创新网络进一步发展，“做大蛋糕”只能是难以实现的美好愿景，最终会阻碍中国经济的发展。

中国学术界自20世纪90年代开始进行企业协同创新治理领域的研究，30年来，对于该领域治理难题的探索卓有成效，也产生了丰富的研究成果，但并未彻底解决这些治理难题。原因有二：一是理论的研究与总结总是落后于实践，这是时代不断发展的结果，也是理论研究与实践发展的规律；二是许多治理难题要求必须要有更高层次的治理方法与技术相对应，但现有的技术水平无法满足这些要求，因此企业协同创新治理水平的提升受到较大制约，掌握并利用最新技术为其服务是必要途径。

可喜的是，20世纪以来，现代信息技术、互联网技术、大数据分析等技术快速发展，尤其是近年来出现的基于非对称加密、共识机制、分布式账本和智能合约等关键技术构建的区块链技术，具有去中心化、不可篡改、可追溯等特点，在实现信息充分共享、资源优化配置、降低机会主义行为、加强数据安全保护等方面与企业协同创新网络治理面临的难题存在高度契合性，为企业协同创新网络营造了新的技术环境，为解决该领域治理难题提供了新的解决契机和治理方案，二者的融合成为必然。

然而，区块链技术在企业协同创新领域的应用仍处于初级阶段，双方融合还存在诸多需要解决的问题。首先，从公众认知和企业思维角度来讲，大部分企业只是将区块链技术作为一种工具，各自为战，并没有建立全产业链的共享思维。缺乏全产业链参与的区块链无法形成闭环，只能局部优化流通效益，整个交易链条的成本无法实现明显缩减。而全产业链上下游企业达成思想共识并同步落地，政府与行业组织的推动必不可少。其次，由于区块链应用初期资金投入大、建设周期长、投资风险高、基建维护成本高，在一些整体毛利率较低的行业领域难以大规模展开，例如农产品供应链领域。再次，区块链存在的安全问题、效率与资源问题、智能合约的应用局限性、链下链上数据的真实性、跨链系统之间的连通性等技术问题，也是阻碍其与企业协同创新网络融合的重要因素，使得各机构和组织独立开发的区块链技术平台及业务系统在信用数据等方面无法彼此共享，造成社会资源浪费，在一定程度上可能会形成新的信息孤岛。最后，区块链在企业协同创新网络领域的应用还未大规模展开，从市场监督到政府监管未形成完善的监管体系，这意味着企业协同创新网络在利用区块链技术过程中存在一定风险，某些方面的利益和权利得不到保障。

区块链与企业协同创新网络融合在实践方面存在的诸多问题为学术界的理论研究提出了新的要求，已成为本人新的研究方向。未来本人必将在区块链与企业协同创新网络融合的动力因素与作用机制问题、融合模式与路径的选择问题、融合水平与绩效测度问题、融合效率的提升路径问题等方面投入更多的研究精力，为企业协同创新网络治理领域的研究提供新的养分，助推区块链在企业实体领域的应用与实践，助推我国广大企业和区域经济可持续发展。

作　者

2022 年 8 月